MANUAL DO GESTOR DE
CORRIDAS DE RUA

INSTITUTO PHORTE EDUCAÇÃO
PHORTE EDITORA

Diretor-Presidente
Fabio Mazzonetto

Diretora Financeira
Vânia M.V. Mazzonetto

Editor-Executivo
Fabio Mazzonetto

Diretora Administrativa
Elizabeth Toscanelli

CONSELHO EDITORIAL

Educação Física
Francisco Navarro
José Irineu Gorla
Paulo Roberto de Oliveira
Reury Frank Bacurau
Roberto Simão
Sandra Matsudo

Educação
Marcos Neira
Neli Garcia

Fisioterapia
Paulo Valle

Nutrição
Vanessa Coutinho

MANUAL DO GESTOR DE
CORRIDAS DE RUA

Anderson do Prado Barbosa

São Paulo, 2016

Manual do gestor de corridas de rua
Copyright © 2016 by Phorte Editora

Rua Rui Barbosa, 408
Bela Vista – São Paulo – SP
CEP 01326-010
Tel./fax: (11) 3141-1033
Site: www.phorte.com.br
E-mail: phorte@phorte.com.br

Nenhuma parte deste livro pode ser reproduzida ou transmitida de qualquer forma, sem autorização prévia por escrito da Phorte Editora Ltda.

CIP-BRASIL. CATALOGAÇÃO NA PUBLICAÇÃO
SINDICATO NACIONAL DOS EDITORES DE LIVROS, RJ

B195m

Barbosa, Anderson do Prado

Manual do gestor de corridas de rua / Anderson do Prado Barbosa ; [ilustração Catarina Magalhães Deimel]. – 1. ed. – São Paulo : Phorte , 2016.

152 p. : il. ; 23cm

Inclui bibliografia

ISBN 978-85-7655-605-3

1. Esportes. 2. Manuais, guias etc. I. Deimel, Catarina Magalhães. II. Título.

16-31119   CDD: 796.50981

CDU: 796.5(81)

ph2372.1

Este livro foi avaliado e aprovado pelo Conselho Editorial da Phorte Editora.

Impresso no Brasil
Printed in Brazil

Dedico este livro aos grandes amigos que, em algum momento, me incentivaram e me auxiliaram na construção desta obra. À Amália Cestari e ao Jorge Cestari, que me convidaram a entrar no universo da gestão de corridas de rua, pelo qual me apaixonei; ao gestor esportivo Petre Ivanovici, que dividiu comigo muitos dos seus conhecimentos; ao competente João Guilherme Mascarenhas, que organizou minhas ideias, transformando-as num livro; ao admirado professor Pauzanias Nogueira dos Santos e à professora Lucy de Bem, que, sem medir esforços, realizaram a brilhante revisão deste material; ao professor e ídolo João Batista Freire, que me presenteou com o maravilhoso prefácio; e, por fim, ao meu companheiro e aluno de tantas corridas, Marco Aurélio Bertaiolli, que dedicou um nobre tempo da sua agenda para escrever o posfácio.

Agradecimentos

A energia que nutre o ser humano para trabalhar e realizar grandes conquistas é a fé, que, pela graça de Deus, nos capacita a vencer os obstáculos em toda a nossa existência. Sem a graça desse presente, que é dom de Deus, eu, certamente não poderia conquistar os conhecimentos que me habilitam a transmitir perspectivas àqueles que, como eu, buscam novos horizontes para suas vidas. A Deus, toda honra e toda glória. Aos amigos e amantes do pedestrianismo, o registro de meus sinceros agradecimentos. Meus agradecimentos especiais à minha esposa, Shenia, e às minhas filhas, Cecília e Helena, que me fazem feliz a cada dia; aos meus pais, Francisco e Silvana, que me deram a bênção da vida e a base para a minha caminhada; aos meus irmãos, Admilson e Alexson, que me enchem de orgulho por serem exemplos de grandes homens; e, finalmente, a todos os amigos que colaboraram para que este livro se tornasse realidade.

Apresentação

Em razão da grande carência de referenciais bibliográficos voltados para a gestão de corridas de rua, este manual tem por objetivo dar direcionamento aos profissionais que pretendam planejar e realizar uma corrida de rua com qualidade. Ele traz, de forma organizada, um roteiro de itens importantes para o gestor e transmite, com objetividade e eficácia, as informações que o levarão a maximizar seu trabalho, proporcionando aos corredores mais qualidade e satisfação em participar de provas bem organizadas. Isso, consequentemente, estimulará os apaixonados a se manterem "clientes ativos" neste esporte, já que a modalidade de corrida de rua vem crescendo e se transformando num produto de constante desejo de novos consumidores.

Aproveitando o conhecimento adquirido em mais de 12 anos de experiência na gestão de corridas de rua e em mais de 70 provas realizadas, utilizo vários grandes autores para a fundamentação teórica do livro.

Referindo-se aos objetivos de um manual de gestão em atendimento voltado a academias, Saba e Antunes (2004, p. XXIX) assinalam:

> Um manual de gestão em atendimento, numa academia, tem como objetivo esclarecer e direcionar funções, e fortalecer o modelo de relacionamento gerencial entre departamentos, para que o cliente receba as informações solicitadas de forma correta e rápida.

Embora esse trecho diga respeito à gestão do atendimento em academias, seu conteúdo aplica-se perfeitamente à gestão do atendimento aos amantes da corrida de rua.

Assim, no decorrer deste manual, o leitor entenderá a logística que cada gestor deve transmitir a cada componente da equipe envolvida no evento, repassando informações precisas para que a qualidade da corrida de rua realizada seja inédita e para que, com muita determinação, o grupo trabalhe a fim de surpreender positivamente os corredores ou, se preferirem, os clientes desse mercado que cresce a cada dia.

Prefácio

Não havia televisão quando eu era menino e a gente tinha que acompanhar os eventos esportivos pelo rádio. Quando a transmissão vinha de outro país, como na Copa do Mundo de 1958, a voz do narrador volta e meia era interrompida por ruídos e ausências de sinais, e ficávamos angustiados, sem saber se o gol que o ouvíamos gritar entre os chiados era a favor ou contra o nosso time. Foi pelo rádio que conheci Maria Esther Bueno, a grande dama do nosso tênis de campo, e Biriba, o mágico das mesas de tênis. Às vezes, eu acompanhava as partidas em casa, outras vezes, na barbearia, que era lugar para discutir esportes e política. Quanto aprendi na barbearia! Era quase uma escola, talvez uma universidade! Mas o acontecimento que mais nos marcava, depois do futebol, era a realização da Corrida de São Silvestre, na virada do ano, meia-noite do dia 31 de dezembro. No meio do foguetório, a voz do narrador se confundia com o barulho que se fazia na noite de festa. E os corredores partiam para cumprir o percurso de pouco mais de sete mil metros pelas ruas da capital paulista apinhadas de gente. Não havia nada mais importante em São Paulo que a Corrida de São Silvestre. E o nosso herói daquelas jornadas, durante alguns anos, foi o Edgard Freire. Ninguém era mais importante que Pelé, Maria Esther Bueno, Biriba e Edgard Freire naquela época. E eu não via, mas sabia pelo narrador do rádio dos passos firmes e decididos daquele que era a Locomotiva Paulista.

Depois de Edgard Freire vieram outros heróis, alguns portugueses, outros argentinos... Até o grande Emil Zatopek correu em São Paulo. Um dia, a São Silvestre deixou de ser importante. As pessoas não sabiam mais o horário da corrida e ela chamava a atenção de pouca gente, engolida por outros eventos que a televisão inventou no horário que era seu. Uma pena, pois perdemos aquilo que poderia ter sido o grande impulsionador do atletismo brasileiro. Sim, porque um esporte, para ser grande, precisa ter como fermento uma cultura. Vários países têm uma cultura de base de atletismo; o Brasil, não. Mas teve, e muito forte. Teve a Corrida de São Silvestre. O brasileiro não sabia o que era atletismo, mas sabia o que era a Corrida de São Silvestre, empolgava-se com ela, acompanhava-a pelo rádio e torcia por nossos corredores. Nossos governos, nossos dirigentes esportivos não perceberam isso, e jogaram fora uma oportunidade de ouro.

Foi preciso que se passassem muitos anos, que se superasse uma geração inteira de dirigentes e de técnicos para que alguns mais jovens entendessem o valor, no Brasil, das corridas que as pessoas fazem a pé pelas ruas, ou para melhorar a condição física, ou para competir. As maiores competições de atletismo do mundo não acontecem em pistas modernas, dentro de estádios; acontecem em ruas do mundo todo, cada uma delas envolvendo dezenas de milhares de pessoas. Há aqueles que se deslocam para diferentes partes do mundo para participar dos eventos, não necessariamente pensando em vencer, mas em conviver com outros apaixonados por essa modalidade tão encantadora. Mesmo sendo abandonada pelo rádio e pela televisão no Brasil, a São Silvestre ainda é o evento mais cobiçado por aqueles que gostam de correr pelas ruas. Centenas de outras corridas acontecem em nosso País durante o ano todo, provavelmente, por causa dela. Essas corridas cresceram tanto que chamaram a atenção de empresários que viram no fenômeno uma excelente oportunidade de vender seus produtos. Se políticos e dirigentes não perceberam a importância das corridas de rua no Brasil, empresários perceberam. E, com isso, pressionaram os profissionais da Educação Física a se prepararem para atender melhor os corredores e melhorar a qualidade e o conforto de quem se dedica a essa modalidade.

Como nos ensina Anderson do Prado Barbosa, autor deste livro, o crescimento das corridas de rua no Brasil é um fenômeno que veio para ficar e atraiu para as ruas milhões de pessoas, que se tornaram consumidoras de dezenas de produtos que aquecem um mercado em expansão. Agora é preciso saber administrar esse fenômeno. As corridas pedestres deixaram de ser coisa de amadores; para dar conta da importância que adquiriram, é preciso profissionalizar sua organização. Todos os grupos interessados em organizar suas corridas de rua, se tiverem à mão um livro como o *Manual do gestor de corridas de rua*, poderão fazê-lo com segurança e proporcionar aos participantes o ambiente que os fará aumentar o gosto pela prática de atletismo mais antiga do Brasil.

A São Silvestre não morreu; seus filhos estão por aí, mas de cara nova.

Professor João Batista Freire
Mestre em Educação Física e Doutor em Psicologia
Educacional pela Universidade de São Paulo

⸬ Sumário

Parte 1 – Introdução **17**

1. A corrida 19

2. O mercado da corrida 21

3. O gestor de corrida 23

Parte 2 – Planejamento da corrida de rua **27**

4. A importância do planejamento 29

5. Planilha de custos 31

6. Escolha da data 36

7. Homologação de corridas de rua 38

8. Regulamento da prova de corrida de rua 39

9. Identidade visual 62

10. Plano de *marketing* para captação de recursos 71

11. Definição do percurso 73

12. Escolha e montagem da arena 76

13. Correspondências diversas 78

14. Compras e contratações 83

15. Recebimento dos recursos 85

16. Inscrições 86

17. Escolha do *staff* 87

18. Treinamento do *staff* 89

19. Federação e taxas para a corrida de rua 91

Parte 3 – O dia D **95**

20. Preparação final para a realização do evento 97

21. Horário da chegada e *checklist* 99

22. Reunião de direcionamento e responsabilidades 101

23. Comunicação por radiotransmissores 103

24. Demarcação das vias 104

25. Montagem do pórtico de largada 106

26. Montagem do som 108

27. Montagem dos *kits* de frutas 109

28. Entrega dos *chips* e dos números de peito 111

29. Montagem do palco 113

30. Montagem do pódio de premiação 114

31. Posicionamento do posto médico 115

32. Preparação das premiações 117

33. Preparação dos brindes para sorteio 118

34. Distribuição dos postos de água 119

35. Posicionamento do carro-madrinha 121

36. Posicionamento da ambulância 122

37. Posicionamento das tendas das equipes de assessoria 124

38. Posicionamento das tendas de patrocinadores e de parceiros . 126

39. Posicionamento da empresa de cronometragem 127

40. Preparação da buzina de largada 128

41. Orientação para o locutor de prova 130

42. Aquecimento e descontração para os participantes 132

43. Orientação para os batedores de prova 134

44. Posicionamento do carro "fecha-fila" 136

45. Posicionamento dos carros que limparão o percurso 138

46. Desmontagem do pórtico 139

47. Recolhimento dos grupos de *staff* e das sobras de água 140

48. Limpeza das vias 142

49. Desmontagem de estruturas 143

50. Pesquisa de satisfação 144

Considerações finais **147**

Posfácio **149**

Referências **151**

Parte 1
Introdução

1. A corrida

Uma das atividades de movimento mais primárias do homem é a corrida realizada por uma aceleração do andar, ou o gesto motor utilizado para se locomover com mais velocidade. Nos primórdios da evolução, a corrida era utilizada pelo homem para atacar sua presa, fugir dos seus inimigos ou, simplesmente, divertir-se ao se locomover mais rápido para brincar ou chegar mais rápido a um destino.

Historicamente, essa atividade sempre esteve na cultura dos homens e foi se aperfeiçoando de forma empírica com o passar dos anos. No meio acadêmico, a cinesiologia define a corrida como uma evolução do caminhar e a divide basicamente em duas fases, quais sejam:

- Fase de apoio, em que ao menos um dos pés toca o solo, para dar a propulsão para o deslocamento de corrida.
- Fase aérea, em que os dois pés encontram-se sem contato com o solo, para realizar a alternância do pé que se apoiará no solo para uma nova propulsão.

Esse movimento cíclico e de "saltos" consecutivos com alternância dos apoios no solo, a inclinação do corpo à frente, a ação de força de membros inferiores e a movimentação coordenada dos braços resultam na corrida.

Em nossos dias, por consequência do desenvolvimento tecnológico e das mudanças culturais, o homem não tem a necessidade de fuga dos seus inimigos nem a intenção de atacar a sua presa para conseguir alimento ou sobreviver. De maneira natural, a corrida é realizada apenas para a sua diversão, lazer ou prática de atividades físicas e esportivas, salvo as profissões que exigem essa atividade como pré-requisito.

Diante dessa realidade, o homem passou a utilizar a corrida pedestre para exercitar seu corpo, manter sua saúde e sua qualidade de vida, já que é uma das formas mais fáceis e acessíveis para praticar exercícios e proporcionar adaptações fisiológicas que resultem em melhorias em seus sistemas vitais, como redução nos batimentos cardíacos, manutenção na pressão arterial, circulação sanguínea saudável, entre outros benefícios.

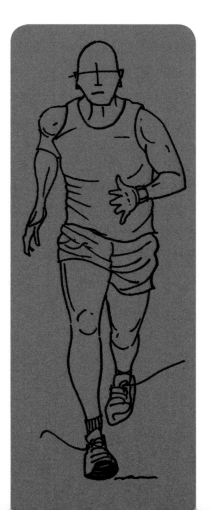

Com isso, cresceu na sociedade o universo de pessoas que correm pelas ruas das cidades em busca de lazer, de saúde e de qualidade de vida, assessoradas por profissionais de Educação Física, avaliadas e acompanhadas por médicos e cercadas de novidades tecnológicas que oferecem mais conforto e qualidade para sua corrida.

2. O mercado **da corrida**

Num sistema econômico capitalista, em que o mercado está sempre em movimento e em busca de mais lucros, as empresas do segmento chamado corrida de rua estão surpreendendo o consumidor constantemente com materiais altamente tecnológicos e desenvolvidos, oferecendo, a cada dia, mais qualidade, conforto e rendimento para os corredores. Novos produtos são lançados nas lojas e tecnologias de outras áreas são utilizadas para os produtos de corrida, como GPS (*Global Positioning System*), controladores de frequência cardíaca, repositores nutricionais e tantos outros itens.

Nesse movimento mercadológico, surgiram centenas de eventos chamados de corridas de rua, que, a cada dia, oferecem novidades inusitadas para os corredores, como sistemas de cronometragem para aferição do tempo de corrida dos participantes, camisetas exclusivas com tecidos especiais, medalhas e troféus exclusivos e prêmios em espécie para os vencedores. Até pacotes de viagens incluindo a inscrição das pessoas em corridas de rua são oferecidos por agências de turismo, pois, nos lugares mais fantásticos do mundo, como Itália, EUA, China, México, Argentina, África do Sul e tantos outros, já existem corridas de rua sendo utilizadas como um atrativo para os turistas corredores.

Além das ofertas diretas de produtos e serviços que surgem no mercado para os corredores, no meio acadêmico, as universidades também já oferecem, na formação dos estudantes, muitos estudos e conteúdos de áreas diferentes, para que o futuro profissional seja também gestor de seus próprios negócios.

De acordo com Afif (2000, p. 13), "[...] a administração, o direito e o *marketing* esportivo deverão estar presentes nos currículos de cursos superiores". Nesse sentido, nos cursos das universidades, os estudantes de várias áreas acadêmicas, incluindo a área do Esporte, deverão se preparar a cada dia mais para a profissionalização dos eventos esportivos. Aqui, em especial, falaremos sobre a profissionalização da gestão de corridas de rua, que cresce constantemente no Brasil e no mundo.

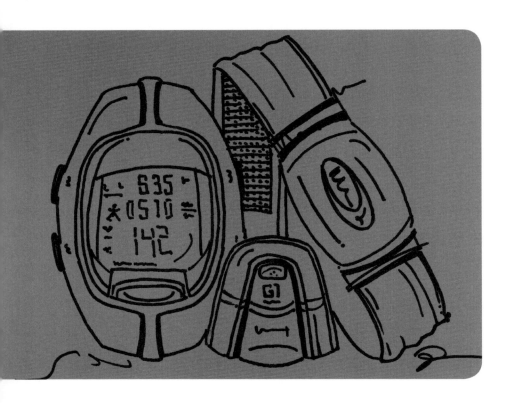

3. O gestor **de corrida**

Antes de definirmos quem é o gestor de corridas de rua e quais são as suas características, recordamos as seguintes palavras de Wolf J. Rinke, escritas próximo do início do terceiro milênio:

> Bem-vindo a um admirável mundo novo! Um mundo dominado pela globalização, pela tecnologia da informação e pelas hierarquias desfeitas. Um mundo cheio de desafios e oportunidades aparentemente assustadores. Como gerentes, podemos encarar esses desafios como crises e problemas ou vê-los como oportunidades que nos permitirão ir além da sobrevivência, ajudando-nos a prosperar hoje e no próximo milênio. (Rinke, 1998, p. 21)

Mesmo já vivendo no mundo de que trata Rinke, assusta-nos o fato de nos depararmos com a velocidade e com a quantidade de informações que recebemos diariamente pelos meios de comunicação, e de percebermos que não temos tempo para lamentações e desculpas; é tempo de agir.

Seguindo ainda com as palavras de Rinke:

> [...] esta mudança de paradigma, ou transformação, começa a partir de nós mesmos, investindo-nos de

poder pela maximização de nosso potencial pessoal e profissional para que, então, possamos atravessar a ponte do gerente autocrático ou tradicional e nos tornar um gerente vitorioso, ou seja, um gerente que dominou a arte de delegar poderes aos membros da equipe de forma que eles possam ajudar a construir organizações bem sucedidas e alcançar melhorias significativas de desempenho, produtividade e lucratividade. (Rinke, 1998, p. 21)

Assim, entendemos que realizar uma corrida de rua é trabalho para um profissional contemporâneo, aqui nomeado de gestor, que será o responsável por todo o planejamento e execução do evento, exigindo-se dele alguns pré-requisitos, quais sejam:

- Capacidade de liderar grupos.
- Grande poder de persuasão para envolver pessoas em prol de um só objetivo.
- Tato para formar grupos comprometidos e que queiram chegar ao sucesso coletivo.
- Visão para agregar valores em cada atividade do evento, para que seus colaboradores se sintam parte importante do todo.
- Posicionar-se de maneira clara e objetiva, demonstrando o conhecimento pleno sobre as ações de decisão e de orientação a serem tomadas, além de estar sempre ao lado de seus colaboradores para compartilhar os resultados, sejam eles positivos ou não.

Entre tantas outras qualidades, a habilidade para "transitar" por diferentes áreas profissionais, como Administração, Contabilidade, Logística, Treinamento Esportivo, Segurança Pública, Saúde e Jurídica, complementa a gama dos atributos exigidos desse profissional.

Por fim, o gestor de uma corrida de rua deve ser um profissional *empreendedor do esporte*, que agregue em seu conhecimento técnico específico a capacidade de criar produtos vendáveis e lucrativos.

Parte 2
Planejamento da corrida de rua

4. A importância
do planejamento

Amyr Klink é um dos melhores e mais respeitados velejadores do Brasil e do mundo, admirado por seus minuciosos planejamentos e por seus detalhados estudos de preparação para cruzar mares e oceanos de polo a polo, sempre retornando com segurança à terra firme. Em suas obras *Parati entre dois polos* (1992) e *Cem dias entre o céu e o mar* (1995), Klink nos ensina, de forma magnífica, que um gestor não pode ser um aventureiro e que o sucesso final não é acaso, mas, sim, o resultado de muita transpiração, estudo, planejamento e trabalho.

O excelente professor e escritor Davi Rodrigues Poit, em seu livro *Organização de eventos esportivos*, vai ao encontro do pensamento de Klink ao afirmar que:

> [...] sem um planejamento, as decisões ficariam entregues ao acaso e seriam tomadas de última hora, o que é ruim em qualquer empreendedorismo. O planejamento tem uma grande importância na medida que diminui as incertezas, os imprevistos e os improvisos. (Poit, 2006, p. 34)

Nesse sentido, compreende-se que no contexto esportivo, como em todo evento de sucesso, a corrida de rua deve nascer de um ótimo planejamento, quando então o gestor definirá a viabilidade de tudo o que foi antecipadamente estudado e analisado. Vale ressaltar que quanto mais informações existirem sobre os assuntos que devem envolver uma corrida de rua, maiores serão as chances de se conquistar o sucesso. Planilha de custos e escolha da data para a realização do evento são itens fundamentais para o início do planejamento, com base nos quais o gestor estimará os seus gastos e projetará as probabilidades de vender o produto.

5. Planilha
de custos

O gestor projetará a corrida de rua baseando-se em cifras, isto é, organizará os itens e seus custos detalhadamente, tornando possível uma visualização do valor total a ser gasto, racionalizando o produto e projetando as reais possibilidades de bancar o evento, seja por meio de recursos financeiros próprios, prospecção de patrocinadores, parceiros, apoiadores ou vendas de inscrições.

Alguns profissionais contestam a realização da planilha de custos como o primeiro item do planejamento; contudo, um empreendedor deve minimizar seus riscos e analisar quais as reais possibilidades de custear uma corrida de rua, já que a responsabilidade de honrar os compromissos financeiros também será sua ou de seu investidor. Vale ressaltar que o gestor definirá o número mínimo de inscrições a serem vendidas para atingir o ponto de equilíbrio financeiro de seu evento e quanto necessitará para captar recursos com patrocinadores, apoiadores, entre outros meios, e obter o lucro estimado em seu planejamento.

Veja, na Tabela 5.1, um exemplo de uma planilha de custos para uma corrida de rua destinada a mil corredores (considerando o valor de R$ 30,00 por inscrição).

Tabela 5.1 – Exemplo de planilha de custos

Item	Descrição	Quant.	Valor unit.	Total
Sinalização / Estrutura				
Numeração de peito	Identificação do atleta Papel laminado 0,21 m × 0,15 m (impressão digital)	1.000	R$ 1,00	R$ 1.000,00
Gradil	Locação para delimitação	200	R$ 6,00	R$ 1.200,00
Fita delimitadora	Para isolamento e chegada dos atletas Rolo com 50 m	10	R$ 50,00	R$ 500,00
Faixa de largada	12 m de polietileno adesivado	1	R$ 150,00	R$ 150,00
Placas de km	Para orientação dos atletas	9	R$ 60,00	R$ 540,00
Pórtico	Para chegada, inflável com aplicação de adesivo 6 m × 5 m	1	R$ 1.920,00	R$ 1.920,00
Pódio	Para premiação Madeira pintada com aplicação de adesivo 5 lugares – 2 m × 0,90 m (locação)	1	R$ 372,00	R$ 372,00
Back podium	Estrutura metálica com estrutura de polietileno adesivada 3 m × 3,20 m (locação)	1	R$ 100,00	R$ 100,00
Água e frutas	Distribuídos em *kits* e nos postos para atletas	1.000	R$ 3,00	R$ 3.000,00
Diversos	Acessórios gerais	1		R$ 1.000,00
			SUBTOTAL	**R$ 9.782,00**

Continua

Continuação

Item	Descrição	Quant.	Valor unit.	Total
Operacional				
Coordenador técnico	Responsabilidades diversas	1		R$ 2.000,00
Aux. coordenador técnico	Responsabilidades diversas	1		R$ 1.500,00
Federação	Acompanhamento e aprovação da prova	1		R$ 2.000,00
Staff 1	Distribuição de *chip*, *kits*, água e percurso	40	R$ 20,00	R$ 800,00
Limpeza e manutenção	Limpeza de sanitários e gerais	5	R$ 20,00	R$ 100,00
Som e locução	Som ambiente e informativo	1		R$ 1.000,00
Staff 2	Distribuição de medalhas/segurança/premiação/suporte	15	R$ 30,00	R$ 450,00
			Subtotal	**R$ 7.850,00**
Premiação				
Medalhas	Para premiação – banho dourado com baixo relevo e fita	1.000	R$ 6,00	R$ 6.000,00
Troféus	Premiação de 5 em 5 anos masc./fem. e geral	115	R$ 20,00	R$ 2.300,00
Premiação em espécie	Premiação em dinheiro para geral masc./fem.	6	R$ 200,00	R$ 1.200,00
Camiseta	Camiseta de participação para todos os atletas	1.000	R$ 14,00	R$ 14.000,00
Camiseta *staff*	Camiseta para *staff* da prova	150	R$ 12,00	R$ 1.800,00
			Subtotal	**R$ 25.300,00**

Continua

Continuação

Item	Descrição	Quant.	Valor unit.	Total
Divulgação				
Back drop	Lona de 3,00 m × 3,20 m	1		R$ 200,00
Banner	Para divulgação nas lojas em papel laminado 0,90 m × 1,20 m	5	R$ 540,00	R$ 2.700,00
Cartazes	Impressão e colocação em locais da região	10	R$ 32,00	R$ 320,00
Hotsite	Desenvolvimento e atualização	1		R$ 1.000,00
Revistas	Anúncios em revistas especializadas	1		R$ 2.000,00
Jornal	Divulgação imprensa escrita local	1		R$ 7.000,00
Jornal	Jornal específico (atividade física)	1		R$ 1.500,00
Panfletos	Panfletos e cartazes			R$ 1.500,00
Faixa de rua	Faixa para gradil	30	R$ 70,00	R$ 2.100,00
Programa de inscrição	Programa de inscrição	1		R$ 1.000,00
Assessoria esportiva	Profissional para apoio no evento	2	R$ 1.000,00	R$ 2.000,00
Assessoria de imprensa	Profissional encarregado de divulgação	2	R$ 1.000,00	R$ 2.000,00
Técnico do programa de inscrição *on-line*	Profissional de finanças encarregado de acompanhar recebimentos		R$ 1.000,00	R$ 1.000,00
			Subtotal	**R$ 24.320,00**

Continua

Continuação

Item	Descrição	Quant.	Valor unit.	Total
Cronometragem				
Técnico e equipamento	Cronometragem, listagens, inscrições e resultados	1	R$ 2.000,00	R$ 2.000,00
Equipamento	Relógio de pórtico de chegada	2	R$ 100,00	R$ 200,00
Equipamento	Tapete intermediário	1	R$ 800,00	R$ 800,00
			Subtotal	**R$ 3.000,00**

	Custo total	**R$ 70.252,00**
Resultado	**Arrecadação possível (1.000) atletas**	**R$ 30.000,00**
	Investimento (recurso próprio, patrocínio, apoio, parceria)	**R$ 40.252,00**

Os valores são hipotéticos.

Essa planilha exemplifica como o gestor planejará o evento, baseando-se nos itens necessários para a sua realização.

6. Escolha
da data

Muito diferente do que a maioria das pessoas imagina, a escolha da data para a realização de uma corrida de rua é um fator determinante para se alcançar o sucesso no evento, pois tal escolha influenciará na inscrição do corredor.

Alguns aspectos devem ser avaliados para a tomada dessa decisão, como:

• Escolha do dia da semana

O domingo é uma ótima sugestão. É bem aceito entre os corredores, por ser um dia em que a maioria das pessoas não trabalha e, tecnicamente, por ser um dia estratégico na planilha de treinamento semanal e nos ciclos de treinamentos realizados por seus treinadores, uma vez que é reservado para o corredor percorrer longas distâncias ou participar de eventos de corridas de rua.

• Feriados

Para a realização de corridas de rua devem ser evitadas datas que coincidam com feriados, especialmente quando forem próximas a finais de semana prolongados, em que as pessoas escolhem viajar, ficar com a família, realizar atividades de bricolagem, entre outras, optando por não assumirem outros compromissos, como, por exemplo, participar de corridas de rua.

Outro fator importante num feriado é verificar se este é regional ou nacional, pois, se for regional e coincidir com um dia útil, o público para o evento será o de corredores locais, diminuindo a probabilidade de se atingir o número mínimo de inscritos necessários para o ponto de equilíbrio financeiro do evento.

• Calendário de provas regionais

Como descrito, o mercado da corrida cresce a cada dia e muitas provas de corrida de rua são realizadas semanalmente em todas as regiões do nosso País. Assim, vale a pena se ater à escolha de uma data em que haja poucas provas de corrida próximas à sua região (ou que não tenha nenhuma) e, principalmente, que não coincida com a data de uma grande prova, dessas tradicionais, escolhidas previamente entre os corredores, como, por exemplo, a Corrida de São Silvestre, que é realizada no estado de São Paulo e atrai corredores de todo o País.

• Outros eventos

Além de outras corridas de rua que possam ocorrer no mesmo dia, é importante atentar-se para outros eventos que podem ser concorrentes indiretos do público corredor, como, por exemplo, jogos da seleção brasileira em Copa do Mundo, uma vez que, culturalmente, o futebol é uma paixão de grande parte dos brasileiros e pode levar o corredor a abrir mão de correr provas nesse dia para torcer pela equipe canarinho.

Observe se há eventos regionais que mobilizem interdições parciais ou totais de vias com concentração de público ou tráfego de veículos, que ocasionem alterações nos trajetos da corrida, quer sejam alternativos ou opcionais, e tornem o evento tecnicamente inadequado ou inacessível para o público-alvo. Conforme indica Poit (2006, p. 79), é necessário *"verificar com cuidado o calendário para evitar coincidências desagradáveis durante o evento"*.

Assim, é preciso considerar a importância de se minimizar os imprevistos. Normalmente, cada município tem um calendário de eventos, sejam eles esportivos ou não, e o gestor deve tomar conhecimento desse calendário para não incorrer em erros comprometedores.

Vale destacar que esses são apenas alguns itens e que nunca é demais buscar mais informações para escolher a data da sua corrida de rua.

7. Homologação
de corridas de rua

Homologação é, por definição, a confirmação ou aprovação de um ato oficial ou de uma sentença, desenvolvida por uma autoridade administrativa ou judiciária. Homologar uma competição de corrida de rua é, portanto, admitir oficialmente o tempo de percurso dos atletas, o que compete a uma determinada instituição.

Se houver o interesse ou a necessidade de homologação da prova, todo gestor de corridas de rua deve saber que existem as Federações Estaduais de Atletismo, subordinadas à Confederação Brasileira de Atletismo (CBAt), e que, em conjunto, elas estabelecem as normas e as orientações necessárias para a homologação de provas desse segmento. Cabe ao gestor conhecer tais exigências para enquadrar o seu evento nos pré-requisitos necessários.

Este manual apresenta diversos pré-requisitos para se regulamentar uma corrida de rua e cumprir todas as exigências necessárias na homologação de uma prova.

8. Regulamento da prova **de corrida de rua**

O regulamento é a cartilha de orientação para os interessados em participar da corrida de rua. Seu conteúdo deve ser sucinto, objetivo e eficiente, esclarecendo as dúvidas dos corredores e oferecendo respaldo técnico e jurídico para o gestor. No momento em que surgirem os problemas e os desentendimentos entre as partes, será o regulamento que norteará as decisões a serem tomadas.

Para exemplificar melhor este tema, segue um regulamento utilizado numa prova de corrida de rua na cidade de São Paulo e registrado em cartório, conforme necessidade legal para sua validade.

REGULAMENTO

CORRIDA DE RUA – ECO FAST RUN – BIRITIBA MIRIM 50 anos

Capítulo I – PROVA

Art. 1. A CORRIDA DE RUA – ECO FAST RUN – BIRITIBA MIRIM 50 anos será realizada no dia 25 de maio de 2014 (domingo).

Art. 2. A largada da prova será às 9 h, na Praça São Benedito, centro de Biritiba Mirim, Rua Coronel Silvino de Miranda Melo, com qualquer condição climática.

Parágrafo único. O horário da largada da prova ficará sujeito a alterações em razão da quantidade de inscritos, bem como por problemas de ordem externa, como tráfego intenso, falhas de comunicação e suspensão no fornecimento de energia.

Art. 3. A corrida será disputada nas distâncias de 5 km e 8 km, com percurso aferido, que será divulgado no hotsite: <http://www.minhasinscricoes.com.br/ecofestrun/2014>.

Art. 4. A prova será realizada em piso de asfalto, paralelepípedo e terra e terá a duração máxima de 90 (noventa) minutos. O competidor que, em qualquer dos trechos, não estiver dentro do tempo projetado será convidado a se retirar da prova. A organização técnica e a coordenação serão da AESPORTE GESTÃO E ASSESSORIA ESPORTIVA.

Continua

Continuação

> Art. 5. Poderão participar da corrida pessoas de ambos os sexos, regularmente inscritas de acordo com o regulamento oficial da prova.
>
> Art. 6. A CORRIDA DE RUA – ECO FAST RUN – BIRITIBA MIRIM 50 anos será disputada nas categorias individual masculino e individual feminino, nas quais cada competidor correrá 5 km ou 8 km. Serão desclassificados todos os competidores que não observarem a formalidade descrita acima.
>
> ### Capítulo II – INSCRIÇÃO
>
> Art. 7. De acordo com a determinação da CBAt, a idade mínima para inscrição e participação em corridas de rua é de 16 anos, com as seguintes restrições:
>
> I – Pessoas com 16 e 17 anos de idade não podem participar de provas com percurso igual ou superior a 10 km.
>
> II – A idade a ser considerada, para os efeitos de inscrição e classificação por faixas etárias, é a que a pessoa terá em 31 de dezembro do ano em que for realizada a prova.
>
> III – Menores de 18 anos só poderão participar da corrida obrigatoriamente com autorização por escrito com firma reconhecida do pai ou de um responsável legal. A autorização deverá estar acompanhada da cópia de um documento de identidade que será retido pela Comissão Organizadora no momento da retirada do kit.
>
> Art. 8. No ato da inscrição, ao concordar com o regulamento assinalando a opção apresentada no sistema on-line ou na ficha de inscrição, o competidor aceita todos os termos do regulamento

Continua

Continuação

e assume total responsabilidade por sua participação no evento de acordo com o TERMO DE RESPONSABILIDADE, parte integrante deste regulamento.

Art. 9. A inscrição na prova CORRIDA DE RUA – ECO FAST RUN – BIRITIBA MIRIM 50 anos é pessoal e intransferível, não podendo qualquer pessoa ser substituída por outra, em qualquer situação. O competidor que ceder seu número de peito para outra pessoa e não comunicar aos organizadores do evento, formalmente e por escrito, será responsável por qualquer acidente ou dano que esta venha a sofrer, isentando o atendimento e qualquer responsabilidade da Comissão Organizadora da prova, seus patrocinadores, apoiadores e órgãos públicos nela envolvidos.

Art. 10. As inscrições para o público menor de 60 anos somente serão realizadas pela internet por meio do hotsite: <http://www.minhasinscricoes.com.br/ecofestrun/2014>, não havendo outros postos de inscrição, exceto para os maiores de 60 anos e deficientes que optarem pelo pagamento de "meia" inscrição (vide Art. 16 e Art. 17).

I – As inscrições custarão:

A – Pessoas inscritas até o dia 30 de abril de 2014 com menos de 60 anos: R$ 45,00 (quarenta e cinco reais).

B – Pessoas inscritas até o dia 30 de abril de 2014 com mais de 60 anos ou deficientes: R$ 22,50 (vinte e dois reais e cinquenta centavos).

Continua

Continuação

C – *Pessoas inscritas após o dia 30 de abril de 2014 com menos de 60 anos: R$ 55,00 (cinquenta e cinco reais).*

D – *Pessoas inscritas após o dia 30 de abril de 2014 com mais de 60 anos ou deficientes: R$ 27,50 (vinte e sete reais e cinquenta centavos).*

Art. 11. Será cobrado, pela inscrição on-line, *a título de tarifa o valor de R$ 3,00 que garante não só a segurança e conveniência à transação realizada pela pessoa, mas também remunera os seguintes serviços: (i) controle de confirmação e autenticação de pagamento* on-line *em instituições financeiras; (ii) sistema de segurança da informação, já que são armazenadas informações pessoais e utilizadas informações criptografadas de cartão de crédito dos clientes; (iii) disparo de* e-mail *de confirmação do pedido de compra da inscrição (antes da confirmação do pagamento); (iv) disparo de* e-mail *de confirmação da venda (ou reprovação) de inscrição após a confirmação do pagamento; (v) custo de banda de acesso à internet.*

Art. 12. As inscrições serão encerradas no dia 18 de maio de 2014, às 23h59, ou em data anterior a esta, caso seja atingido o limite técnico definido para a prova.

Art. 13. A Comissão Organizadora poderá, a qualquer momento, suspender ou prorrogar prazos ou, ainda, elevar ou limitar o número de inscrições em função de necessidades, disponibilidade técnica e/ou questões estruturais, sem aviso prévio.

Continua

Continuação

Art. 14. Os competidores são responsáveis pela veracidade das informações fornecidas na ficha de inscrição. Caso haja fraude comprovada, a pessoa será desclassificada da prova e responderá por crime de falsidade ideológica e/ou documental.

Art. 15. O dinheiro da inscrição não será devolvido em caso de desistência.

Art. 16. O idoso, para fazer jus ao benefício de 50% de desconto no valor final da inscrição, deverá fazer o depósito bancário em dinheiro, no valor descrito no Art. 10, diretamente no caixa do Banco xxxxx, Agência xxxxx, Conta-Corrente xxxxx (favorecido Anderson do Prado Barbosa) e apresentar comprovante na Secretaria de Esportes de Biritiba Mirim, localizada na Rua Maria José de Siqueira, 340, Centro, até o dia 18 de maio de 2014, de segunda a sexta-feira, das 9 h às 16 h. Para efetivar a inscrição, também é necessário apresentar no mesmo local um documento com foto (RG ou CNH).

I – Não serão aceitos comprovantes de depósitos realizados em caixa eletrônico e/ou depósitos em cheque.

II – Os idosos que realizarem a inscrição pelo sistema on-line *disponível na internet renunciarão nesse ato o direito ao benefício, diante da impossibilidade de comprovação da sua condição de idoso por meio desse sistema.*

Art. 17. Será admitida a inscrição de pessoas deficientes apenas para a categoria de 5 km e estes concorrerão em categoria específica,

Continua

Continuação

sendo premiado somente o primeiro colocado das categorias masculino e feminino. *Para fazer jus ao benefício de 50% de desconto no valor final da inscrição, a pessoa deverá fazer o depósito bancário no valor descrito no Art. 10 no Banco xxxxx, Agência xxxxx, Conta-Corrente xxxxx (favorecido Anderson do Prado Barbosa) e apresentar comprovante na Secretaria de Esportes de Biritiba Mirim, localizada na Rua Maria José de Siqueira, 340, Centro até o dia 18 de maio de 2014, de segunda a sexta-feira, das 9 h às 16 h. Para efetivar a inscrição, também é necessário apresentar laudo médico da deficiência apresentada.*

Capítulo III – ENTREGA DOS KITS

Art. 18. A entrega dos kits de corrida acontecerá nos dias 23 de maio de 2014 (sexta-feira), das 9 h às 17 h, e 24 de maio de 2014 (sábado), das 10 h às 17 h, na PRAÇA SÃO BENEDITO, CENTRO – BIRITIBA MIRIM, Rua Coronel Silvino de Miranda Melo.

Art. 19. A pessoa que não retirar o seu kit na data e horário estipulado pela organização perderá o direito ao kit. Não serão entregues kits de corrida no dia do evento nem após este.

Art. 20. O kit poderá ser retirado somente pela pessoa inscrita mediante apresentação do documento de confirmação de inscrição, o respectivo recibo de pagamento, e do RG.

Continua

Continuação

Art. 21. A retirada de kits *só poderá ser efetivada por terceiros mediante apresentação de autorização específica para esse fim e de cópia do documento de identificação do inscrito.*

Art. 22. O kit *de corrida será composto por um número de peito, alfinetes,* chip *de cronometragem, camiseta exclusiva e medalha (pós-prova).*

Art. 23. No momento da retirada do kit *o responsável deverá conferir os seus dados e o número de peito.*

Art. 24. Não serão aceitas reclamações cadastrais após a retirada do kit.

Art. 25. O tamanho das camisetas está sujeito à alteração de acordo com a disponibilidade.

Parágrafo único. O competidor não poderá alegar impossibilidade de correr no evento por não ter camiseta em tamanho que lhe sirva.

Art. 26. O competidor está autorizado a correr com sua própria camiseta.

Capítulo IV – SISTEMA DE CRONOMETRAGEM E ENTREGA DO CHIP

Art. 27. O sistema de cronometragem será realizado pela empresa Cronoserv *por meio de* chip *descartável.*

Continua

Continuação

Art. 28. *O tempo de todos os competidores será cronometrado e informado posteriormente, desde que observadas as normas previstas neste regulamento.*

Art. 29. *O participante, neste ato, fica ciente de que deverá conferir na entrega do* kit *se o seu* chip *está em ordem e com os dados corretos.*

Art. 30. *O participante que não retirar o seu* chip *na data e horário estipulados deve estar ciente de que estará renunciando ao direito de ter seu tempo cronometrado.*

Art. 31. *O uso do* chip *é obrigatório, acarretando a desclassificação do atleta quando se observar por algum fiscal a falta do uso do* chip.

Art. 32. *O* chip *deverá ser fixado no cadarço do tênis do pé esquerdo, na posição indicada pela* Cronoserv.

§ 1º – A colocação do chip *é de responsabilidade única do atleta, assim como as consequências de sua não utilização.*

§ 2º – O uso inadequado do chip *pelo atleta acarreta a não marcação do tempo, isentando a Comissão Organizadora na divulgação dos resultados.*

Art. 33. *Ao final da prova, o participante não precisará entregar o* chip.

Continua

Continuação

Art. 34. O chip de cronometragem é de propriedade da pessoa e não da empresa responsável por esse serviço.

Art. 35. O descarte deste chip deverá ser realizado em local adequado, respeitando o meio ambiente.

Capítulo V – INSTRUÇÕES E REGRAS PARA A CORRIDA

Art. 36. As pessoas deverão estar no local de largada com pelo menos meia hora de antecedência (30 minutos antes da largada, isto é, às 8h30), quando serão dadas as instruções finais.

Art. 37. A cada competidor será fornecido um número que deve ser usado visivelmente no peito, sem rasura ou alterações, durante toda a realização da prova, sendo passíveis de desclassificação os participantes que não cumprirem essa exigência.

Art. 38. É obrigação do participante da prova ter o conhecimento do percurso. O percurso é disponibilizado no hotsite *oficial da corrida: <http://www.minhasinscricoes.com.br/ecofestrun/2014>.*

Art. 39. É obrigatório o uso do número do atleta no peito, e qualquer mutilação dos números implicará sua desclassificação.

Art. 40. A participação do atleta na prova é estritamente individual, sendo proibido o auxílio de terceiros, bem como o uso de qualquer recurso tecnológico sem prévia autorização por escrito da Comissão Organizadora da prova.

Continua

Continuação

Art. 41. O acompanhamento das pessoas por treinadores/assessoria, amigos etc., com bicicleta e outros meios, resultarão na desclassificação do participante.

Art. 42. Na hipótese de desclassificação dos primeiros colocados, serão chamados os classificados com melhor tempo, sucessivamente.

Art. 43. É proibido pular a grade para entrar na pista no momento da largada.

Art. 44. O competidor deverá observar o trajeto, não sendo permitido qualquer meio auxiliar para alcançar qualquer tipo de vantagem. Igualmente, não será permitido o acesso às áreas do evento utilizando-se de caminhos sem serem os sinalizados para tal situação, sendo proibido pular as grades ou cavaletes que delimitam essas áreas para entrar na pista em qualquer momento da prova. O descumprimento destas regras implicará sua desclassificação.

Art. 45. O competidor que empurrar o outro, de modo a impedir sua progressão, estará passível de desclassificação na prova.

Art. 46. O competidor que voluntariamente deixar a pista não terá permissão para continuar na corrida.

Art. 47. O competidor deve retirar-se imediatamente da corrida se assim for determinado por um membro da equipe médica oficial indicada pela Comissão Organizadora.

Art. 48. Os competidores devem ser classificados na ordem em que qualquer parte do corpo/tronco (ficando excluídos cabeça,

Continua

Continuação

pescoço, braços, pernas, mãos ou pés) atinja o plano vertical que passa pela borda anterior da linha de chegada.

Art. 49. Esta corrida é realizada segundo as Regras da CBAt e as contidas neste regulamento. O tempo máximo para conclusão da prova será de 90 minutos, contados a partir da largada.

Capítulo VI – PREMIAÇÃO

Art. 50. A premiação da CORRIDA DE RUA – ECO FAST RUN – BIRITIBA MIRIM 50 anos será assim distribuída:

I – Os 3 (três) primeiros colocados na categoria individual masculino nas provas de 5 km e de 8 km receberão troféu, podendo, eventualmente, receber prêmios.

II – As 3 (três) primeiras colocadas na categoria individual feminino nas provas de 5 km e de 8 km receberão troféu, podendo, eventualmente, receber prêmios.

III – Na corrida de 8 km, as faixas etárias descritas a seguir também serão premiadas nas classificações de 1º, 2º e 3º colocados:

⋆MASCULINO	*⋆FEMININO*
16-24 ANOS	*16-24 ANOS*
25-34 ANOS	*25-34 ANOS*
35-44 ANOS	*35-44 ANOS*
45-54 ANOS	*45-54 ANOS*
ACIMA DE 55 ANOS	*ACIMA DE 55 ANOS*

Continua

Continuação

IV – O candidato com mais idade que completar a prova de 5 km ou de 8 km.

V – A EQUIPE DE MAIOR número de inscritos e de concluintes dos percursos de 5 km e de 8 km na CORRIDA DE RUA – ECO FAST RUN – BIRITIBA MIRIM 50 anos.

VI – Também na prova de 8 km o melhor candidato residente em Biritiba Mirim, denominado como PRATA DA CASA (será obrigatória a apresentação do título de eleitor para comprovar residência local).

Parágrafo único. Caso uma pessoa inscrita na prova de 8 km obtenha um resultado passível de premiação voltado para a prova de 5 km, e vice-versa, a premiação não será concedida.

Art. 51. Não haverá premiação em dinheiro.

Art. 52. Todos os competidores que cruzarem a linha de chegada de forma legal, que estiverem regularmente inscritos e sem o descumprimento deste regulamento, receberão medalhas de participação.

§ 1º – Não serão entregues medalhas e brindes pós-prova (quando houver) para as pessoas que, mesmo inscritas, não participaram da prova.

§ 2º – Para receber a medalha é obrigatório que o atleta esteja portando o número de peito.

§ 3º – Só será entregue 1 (uma) medalha por pessoa.

Continua

Continuação

*Art. 53. As 3 (três) primeiras colocações das categorias masculino e feminino de 5 km e de 8 km serão definidas por ordem de chegada. As demais colocações na prova de 8 km serão definidas pela apuração do **tempo líquido**, gasto por cada competidor para completar o percurso, definido e delimitado pelos tapetes de cronometragem.*

Art. 54. Os atletas que fizerem jus à premiação deverão comparecer ao pódio assim que a cerimônia de premiação for iniciada e a sua categoria for chamada. O atleta que não comparecer ao pódio durante a cerimônia de premiação perderá o direito aos prêmios.

Art. 55. A premiação por faixa etária será para a prova de 8 km, conforme a descrição da subdivisão descrita no Art. 50.

Art. 56. Os resultados oficiais da corrida serão informados por meio do site *da Cronoserv, <www.cronoserv.com.br>, ao prazo de 72 horas após o término de cada etapa.*

I – A Comissão Organizadora não se responsabiliza pela não divulgação do resultado do competidor que não utilizar o chip *da forma recomendada neste regulamento.*

II – A pessoa não inscrita não será reconhecida pela coordenação deste evento e não terá direito aos benefícios e estruturas existentes, inclusive, não terá a autorização para passar pelo pórtico de chegada.

Continua

Continuação

III – *A pessoa devidamente inscrita estará coberta por um seguro acidente e conforme contrato receberá os valores de direito em caso da utilização necessária, seja por acidente ou mal súbito.*

Capítulo VII – CONDIÇÕES FÍSICAS DOS PARTICIPANTES E SERVIÇOS DE APOIO NA CORRIDA

Art. 57. Ao participar da CORRIDA DE RUA – ECO FAST RUN – BIRITIBA MIRIM 50 anos, o competidor assume a responsabilidade por seus dados fornecidos e aceita totalmente o regulamento da prova, participando por livre e espontânea vontade, sendo conhecedor de seu estado de saúde e de sua aptidão física para participar da corrida.

Art. 58. Todos os participantes deverão estar em dia com rigorosa avaliação médica para realização da prova, pois a organização não se responsabilizará pela saúde dos atletas.

Art. 59. O competidor é responsável pela decisão de participar da prova, avaliando sua condição física e seu desempenho e julgando por si só se deve ou não continuar ao longo da competição.

Parágrafo único. O diretor de prova poderá, seguindo recomendação do médico responsável pelo evento, excluir o participante a qualquer momento.

Art. 60. Haverá, para qualquer tipo de emergência, serviço de ambulância e segurança por todo o percurso da prova, que será garantida pelos órgãos competentes.

Continua

Continuação

Art. 61. Serão colocados à disposição dos participantes sanitários e guarda-volumes apenas nos locais de largada e chegada da prova.

Art. 62. A Comissão Organizadora não tem responsabilidade sobre o atendimento médico dos competidores, despesas médicas em casos de internação ou lesões geradas pela prática da corrida. Porém, será disponibilizado um serviço de ambulância para atendimento emergencial e remoção a hospitais da rede pública de saúde.

Art. 63. O competidor ou seu acompanhante poderá decidir pela remoção ou transferência para hospitais da rede privada de saúde, eximindo a Comissão Organizadora de qualquer responsabilidade ou reembolso pelas despesas decorrentes deste atendimento médico.

Art. 64. Ao longo da prova de 8 km haverá 4 (quatro) postos de hidratação com água.

Art. 65. Para as provas de 5 km e de 8 km serão disponibilizados banheiros masculinos e femininos à disposição dos participantes nos locais de largada e de chegada da prova.

Art. 66. A Comissão Organizadora da prova reserva-se ao direito de realização de exames antidoping, ou não, aos participantes da corrida de acordo com as regras do Comitê Olímpico Brasileiro.

Capítulo VIII – DIVULGAÇÃO E DIREITOS AUTORAIS

Art. 67. A pessoa que se inscreve e/ou participa da corrida está aceitando e concordando incondicionalmente em ter sua imagem

Continua

Continuação

divulgada por meio de fotos, filmes, rádio, jornais, revistas, internet e televisão, ou qualquer outro meio de comunicação, para usos informativos, promocionais ou publicitários relativos à corrida, sem acarretar nenhum ônus aos organizadores, renunciando o recebimento de qualquer renda que vier a ser auferida com tais direitos, aos patrocinadores ou meios de comunicação em qualquer tempo/data.

Art. 68. Todos os participantes do evento, atletas inscritos, staff, *organizadores e público em geral, cedem todos os direitos de utilização de sua imagem para a empresa organizadora AESPORTE GESTÃO E ASSESSORIA ESPORTIVA.*

Art. 69. Filmagem, transmissão pela televisão, fotografias ou vídeoteipe relativos à prova/competição têm os direitos reservados aos organizadores.

Parágrafo único. Qualquer forma de divulgação ou interesse em destinar um profissional para a cobertura do evento estará sujeita à autorização e aprovação pela empresa organizadora AESPORTE GESTÃO E ASSESSORIA ESPORTIVA.

Capítulo IX – SUSPENSÃO, ADIAMENTO E CANCELAMENTO DA PROVA

Art. 70. A Comissão Organizadora, primando pela segurança dos inscritos, poderá determinar a suspensão da corrida, iniciada ou não, por questões de segurança pública, vandalismo e/ou motivos de força maior. Sendo suspensa a prova, por qualquer

Continua

Continuação

um desses motivos, esta será considerada realizada e não haverá designação de nova prova.

§ 1º – As pessoas ficam cientes que deverão assumir no ato da inscrição todos os riscos e danos da eventual suspensão da corrida (iniciada ou não) por questões de segurança pública, não gerando qualquer responsabilidade para a Comissão Organizadora.

§ 2º – Na hipótese de cancelamento da inscrição, não haverá devolução do valor de inscrição.

Art. 71. A corrida poderá ser adiada ou cancelada a critério da Comissão Organizadora, sendo comunicado aos inscritos esta decisão pelo hotsite oficial da corrida.

§ 1º – Na hipótese de adiamento da corrida e consequente divulgação de nova data, não haverá devolução do valor da inscrição.

§ 2º – Na hipótese de cancelamento da corrida sem divulgação de nova data, os inscritos deverão solicitar o reembolso da inscrição.

Capítulo X – DISPOSIÇÕES GERAIS

Art. 72. Os protestos ou reclamações relativos ao resultado final da competição referente aos primeiros colocados ou à condução da prova deverão ser feitos por escrito até 30 minutos após a divulgação oficial da Organização do Evento.

Art. 73. Ao participar da CORRIDA DE RUA – ECO FAST RUN – BIRITIBA MIRIM 50 anos, a pessoa aceita totalmente o regulamento da prova, participando por livre e espontânea

Continua

Continuação

vontade, e assume as despesas de transporte, hospedagem, alimentação e seguros ou quaisquer outras despesas necessárias ou provenientes da sua participação na prova, antes, ao longo e depois desta.

Art. 74. Será disponibilizado um guarda-volumes para os participantes.

§ 1º – A Comissão Organizadora não recomenda que sejam deixados bens de alto valor no guarda-volumes, como relógios, joias, equipamentos eletrônicos, celulares, cheques ou cartões de crédito.

§ 2º – Por se tratar de um serviço de cortesia, a Comissão Organizadora não reembolsará conteúdos e bens extraviados do guarda-volumes.

§ 3º – O guarda-volumes será desativado uma hora após o término da corrida.

Art. 75. Não haverá reembolso, por parte da Comissão Organizadora, bem como de seus patrocinadores e apoiadores, de nenhum valor correspondente aos equipamentos e/ou acessórios utilizados pelos participantes no evento, seja qual for o motivo, tampouco por qualquer extravio de materiais ou prejuízo que porventura os inscritos venham a sofrer durante a participação neste evento.

Art. 76. A segurança da prova receberá apoio dos órgãos competentes e haverá sinalização para a orientação dos participantes.

Continua

Continuação

Art. 77. A Comissão Organizadora reserva-se ao direito de incluir no evento pessoas ou equipes especialmente convidadas.

Art. 78. Para o interessado, não haverá outra forma de inscrição a não ser on-line, salvo para idosos e deficientes que requeiram o desconto oferecido, conforme indicação citada. Não serão aceitas inscrições físicas por procuração.

Capítulo XI – DISPOSIÇÕES FINAIS

Art. 79. As dúvidas ou informações técnicas deverão ser enviadas por e-mail ao endereço contato@aesporte.com.br, pelo site <www.aesporte.com.br>, para que seja registrada e respondida a contento.

Art. 80. A Comissão Organizadora poderá, a seu critério ou conforme as necessidades do evento, alterar ou revogar este regulamento, total ou parcialmente, informando as mudanças pelo hotsite oficial da corrida.

Art. 81. As dúvidas ou omissões deste regulamento serão dirimidas pela Comissão Organizadora de forma soberana, não cabendo recurso a estas decisões.

Art. 82. Ao se inscrever nessa prova, a pessoa assume automaticamente o conhecimento de todos os termos deste regulamento, ficando de acordo com todos os itens supracitados e acatando todas as decisões da organização, comprometendo-se a não recorrer a

Continua

Continuação

nenhum órgão ou Tribunal, no que diz respeito a qualquer punição imputada pelos organizadores do evento.

Art. 83. Todos os diretos autorais relativos a este regulamento e à *CORRIDA DE RUA – ECO FAST RUN – BIRITIBA MIRIM 50 anos* pertencem à *AESPORTE GESTÃO E ASSESSORIA ESPORTIVA.* Este regulamento está registrado no hotsite oficial da corrida.

Art. 84. Cláusula – Todos os inscritos na ECO FAST RUN – BIRITIBA MIRIM 50 anos, estarão cobertos por um seguro de acidentes pessoais. A apólice se encontra em poder da AESPORTE GESTÃO E ASSESSORIA ESPORTIVA e cobre somente o participante devidamente inscrito no evento.

Termo de responsabilidade

Eu, «identificado no cadastramento da inscrição», no perfeito uso de minhas faculdades, DECLARO para os devidos fins de direito que:

1. Estou ciente de que se trata de uma corrida com distância de 5 km ou de 8 km.

2. Estou em plenas condições físicas e psicológicas de participar dessa PROVA e estou ciente de que não existe nenhuma recomendação médica que me impeça de praticar atividades físicas.

3. Assumo, por minha livre e espontânea vontade, todos os riscos e consequências envolvidos na participação desta PROVA

Continua

Continuação

(que incluem possibilidade de invalidez e morte), isentando a
AESPORTE GESTÃO E ASSESSORIA ESPORTIVA,
seus organizadores, colaboradores e patrocinadores DE TODA
E QUALQUER RESPONSABILIDADE por quaisquer
danos materiais, morais ou físicos, que porventura venha a sofrer,
advindos da participação nesta PROVA.

4. Li, conheço, aceito e me submeto integralmente a todos os ter-
mos do regulamento da prova.

5. Declaro que não portarei, nem utilizarei, nas áreas do evento,
percurso e entrega de kits, ou outra área de visibilidade no evento,
ou meios de divulgação e promoção, nenhum material publicitário,
promocional ou político, sem a devida autorização por escrito dos
organizadores, e também, qualquer material ou objeto que ponha
em risco a segurança do evento, dos participantes e/ou das pessoas
presentes, aceitando ser retirado pela organização ou autoridades
das áreas descritas.

6. Em caso de participação nesse evento, representando equipes
de participantes ou prestadores de serviços e/ou qualquer mídia
ou veículo, declaro ter pleno conhecimento e aceitar o regulamento
do evento, bem como respeitar as áreas da organização e não
participar de estruturas de apoio a equipes montadas em locais
inadequados, ou que interfiram no andamento do evento, e, tam-
bém, locais sem autorização por escrito da organização, podendo
ser retirado da prova e do local do evento em qualquer tempo.

Continua

Continuação

7. *Estou ciente das penalidades e da possível desclassificação que posso sofrer caso descumpra o regulamento ou cometa uma falta grave. Excluo meu direito de reclamação sobre tais aspectos da prova.*

8. *Autorizo o uso de minha imagem, assim como familiares e amigos, para fins de divulgação do evento, por fotos, vídeos e entrevistas em qualquer meio de comunicação, sem geração de ônus para a AESPORTE GESTÃO E ASSESSORIA ESPORTIVA, organizadores, mídia e patrocinadores.*

9. *Estou ciente de que, na hipótese de suspensão da prova por questões de segurança pública, todos os eventuais custos referentes à locomoção, à preparação, à estadia, à inscrição, entre outros gastos despendidos pelo atleta, serão suportados única e exclusivamente por mim, isentando a Comissão Organizadora e a empresa responsável pelo ressarcimento de quaisquer desses custos.*

10. *Assumo todas as despesas de hospedagem, traslados, seguros, assistência médica e quaisquer outras despesas necessárias, ou provenientes da minha participação neste evento, antes, ao longo ou depois deste.*

11. *Compreendi e estou de acordo com todos os itens deste TERMO DE RESPONSABILIDADE, isentando, assim, quem quer que seja de toda e qualquer responsabilidade legal de tudo o que vier a ocorrer comigo por consequência da minha participação nesta prova.*

Essas foram as informações básicas para a elaboração de um regulamento de corrida de rua. Fica aqui registrado que qualquer assunto que gere dúvidas deverá constar no regulamento para minimizar problemas em seu evento. Também vale citar que outros itens determinados pelo gestor deverão constar, como, por exemplo, mais premiações, prêmios em espécie para os vencedores etc., de acordo com sua necessidade e seu anseio.

9. Identidade visual

A identidade visual da sua corrida de rua é o seu cartão de visitas, representado pela imagem que seu cliente/corredor terá do seu evento, que deverá ser atraente, original, objetivo e bem divulgado, considerando-se, nesse quesito, o nome da prova, os patrocinadores, o local, as quilometragens e, principalmente, uma imagem ilustrativa que resuma a identidade e a intenção do evento.

A orientação para o gestor é que ele contrate um profissional ou uma empresa especializada em criação e *design* para a realização desse trabalho, profissionalizando seu evento.

Não podemos esquecer que esse material dará origem a todas as outras peças de divulgação do seu evento e terá a função de despertar o desejo nos clientes/corredores em participar do seu evento e em superar o desafio de completar a prova.

FIGURA 9.1 – Logotipo: peça principal da identidade visual da corrida.

Com a matriz da identidade visual da sua corrida de rua, você dará continuidade à criação de outras peças de comunicação, complementando, inclusive, as informações necessárias para que seu cliente/corredor consiga realizar a inscrição para participar do seu evento, como a data, o horário, o local, as quilometragens, os meios de contato, o local para a realização das inscrições etc.

Descrevemos, a seguir, alguns materiais de comunicação necessários para a divulgação e a realização do seu evento. A escolha desses materiais está atrelada à estratégia adotada para atingir o público-alvo. De forma geral, os meios de comunicação eficientes para chegar ao corredor são: cartaz (A3); panfletos (A5); *banner* em lona; anúncio em revista especializada; topo para *hotsites* de inscrições; *e-mail marketing*; redes de relacionamento sociais e virtuais etc. Vale ressaltar a necessidade de se explorar a identidade visual para divulgar o evento em camisetas exclusivas, troféus, medalhas, *back droop*, faixas para gradil, entre outros.

Figura 9.2 – Cartaz A3/Panfletos A5: para divulgação em academias, clubes e empresas.

FIGURA 9.3 – *Banner:* para divulgação em estabelecimentos com grande circulação de pessoas.

FIGURA 9.4 – Anúncio em *sites* e revistas: para divulgação em revistas especializadas e em *sites* voltados para o público corredor.

FIGURA 9.5 – Topo para *hotsites* de inscrições: para identificação do evento em *hotsites* de inscrições *on-line*.

Figura 9.6 – *E-mail marketing*: para comunicação através de redes sociais, *sites* e *e-mails*.

Figura 9.7 – *Back banner*: para utilização na arena de concentração dos atletas e na área de premiação no dia do evento.

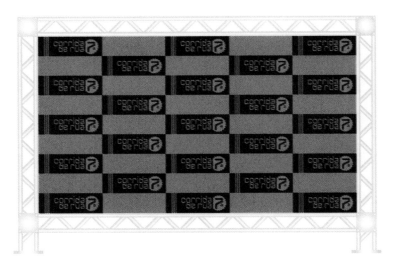

Figura 9.8 – *Back droop*: para ser utilizado atrás do pódio de premiação, para expor os patrocinadores e os apoiadores.

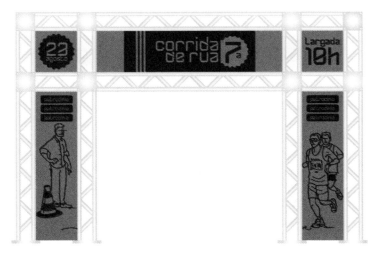

Figura 9.9 – Lona de pórtico de largada e chegada: material para ser fixado no pórtico de largada e no de chegada.

FIGURA 9.10 – Faixas de gradil: para fixação nas grades de proteção que serão utilizadas na arena de concentração dos atletas.

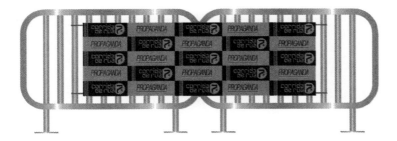

FIGURA 9.11 – Faixas de patrocinadores e de apoiadores: para fixação nas grades de proteção que serão utilizadas na arena de concentração dos atletas.

FIGURA 9.12 – Camisetas exclusivas: material destinado aos atletas após a realização da inscrição.

FIGURA 9.13 – Medalhas exclusivas: material destinado aos atletas após a conclusão do percurso da corrida.

Essas são algumas peças de divulgação que poderão originar a identidade visual do seu evento. Vale ressaltar que outras peças de divulgação podem ser desenvolvidas, a depender da dimensão do evento e dos desejos e dos anseios dos envolvidos.

10. Plano de *marketing* para captação de recursos

Um material de extrema importância para o gestor é o projeto que dará possibilidades para a busca de parceiros como patrocinadores, copatrocinadores e apoiadores para o seu evento de corrida de rua. É imperativo criar o seu plano de captação de recursos para fazer o seu evento se tornar um produto viável e lucrativo, requerendo-se, também, os conhecimentos técnicos para a elaboração do projeto para captação dos recursos que serão destinados às empresas e aos interessados.

Elaborar o plano de *marketing* para a captação de recursos para a corrida de rua é criar a apresentação do seu evento para os possíveis patrocinadores, parceiros e apoiadores. Portanto, esse material deve ser eficiente e preciso, pois, na atualidade, e com o dinamismo do mercado econômico, os empresários não dispõem de tempo disponível para ler páginas e páginas de projetos, uma vez que suas empresas existem para produzir, vender e conquistar mais lucros.

A descrição do evento deverá ser feita de forma simples e objetiva, contendo o nome do projeto, o público abrangente, a data, o local e o seu significado para a região. O cliente/corredor deverá conhecer qual a importância e os benefícios do projeto no que tange à imagem e à lucratividade da empresa, em especial, os aspectos institucionais, sociais, políticos e ambientais.

Quanto aos custos, o gestor apresentará alternativas, como cotas de patrocínio, copatrocínio e apoio, propiciando outras escolhas ao cliente/corredor, desde sua participação, investimento e lucros que a agregação de sua imagem ao evento poderá reverter à sua empresa.

No corpo do plano de *marketing*, deverá constar uma síntese de sua empresa e de sua experiência, bem como seus meios de contato (*site*, *e-mail*, telefone etc.), para viabilizar a comunicação, em caso de interesse do empresário.

O gestor deve conhecer muito bem os objetivos da empresa em que apresentará o seu projeto, saber quais são seus segmentos de atuação, quais as suas intenções no mercado em que atua, entre outras informações que lhe facilitem alinhar perfeitamente os interesses da empresa com os interesses do projeto.

Por fim, o projeto deve ser apresentado ao responsável da empresa com poder de decidir sobre a participação dela no evento, pois esse "atalho" pode lhe proporcionar o sucesso na conquista do seu objetivo. Quando o projeto é apresentado a pessoas que não têm poder de decisão, a sua mensagem terá que ser repassada entre uma ou várias pessoas, propiciando a perda ou o desvio irreparável de algumas informações importantes para a tomada de decisão do responsável.

11. Definição do percurso

Tecnicamente, é a primeira etapa que deverá ser definida com cuidado pelo gestor em parceria com os Departamentos de Trânsito e de Transporte da cidade que receberá a corrida de rua, pois são eles que gerenciam a manutenção da ordem e da qualidade do trânsito nas vias públicas.

Após atracar a pré-proposta de percurso, o gestor deverá se reunir com os responsáveis desses departamentos e adequar os interesses técnicos da corrida com as possibilidades de interdição das vias necessárias para a realização do evento com qualidade e segurança.

Alguns cuidados importantíssimos a serem considerados pelo gestor são:

- A escolha de vias que nunca ofereçam cruzamentos entre os atletas, pois, no momento de concentração e velocidade, a ação de um corredor em se desviar de outro propicia colisões que podem ser evitadas com tais cuidados.
- A escolha de vias que não levem o atleta a subir em calçadas ou saltar obstáculos, principalmente se o evento tiver a participação de deficientes físicos.
- A transposição de vias férreas deve ser evitada, não só pelos riscos inerentes, mas para se evitar interrupções da corrida em razão do tráfego dos trens em horários diversos, quando as cancelas são fechadas e o fluxo de pedestres é obstruído.
- A escolha de percurso com itinerário próximo a quartéis de corpo de bombeiros ou policiais, instituições que trabalham com o imprevisto e o inesperado, e que podem, em suas ações, interromper por tempo indeterminado o fluxo normal do trânsito.
- Evitar percursos que obriguem o bloqueio de acessos a hospitais, condomínios residenciais, comércios, entre outros.

Condôminos e comerciantes deverão ser consultados e informados caso uma prova tenha que passar nas proximidades das vias residenciais e comerciais, buscando-se evitar prejuízo e transtorno a esses cidadãos.

O gestor, em conjunto com os técnicos do Departamento de Trânsito, deve traçar um mapa geográfico da região, destacando as vias a serem utilizadas na corrida para facilitar as observações e apontamentos necessários. Deve-se considerar a maximização do tempo e a precisão nas informações que poderão ser utilizadas na divulgação em *sites* e meios de comunicação pertinentes, no intuito de apresentar mais detalhes do seu evento aos corredores interessados.

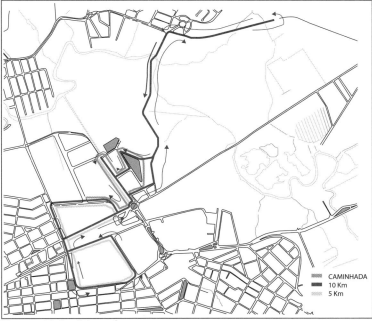

Figura 11.1 – Mapa do percurso.

12. Escolha e montagem **da arena**

A arena, considerada a área de concentração dos atletas para a largada e chegada da corrida de rua, deverá disponibilizar informações sobre o percurso da prova, do pórtico de largada até o pórtico de chegada, sistema de cronometragem, posto de água, tendas de massagem, tendas das equipes convidadas, área de entrega do *kit* de frutas, área de entrega de *chips*, palco, som, locutor, posto de atendimento médico, atrações de entretenimento, entre outros.

A localização da arena deverá ser escolhida estrategicamente, considerando-se itens como:

- Fácil acesso de veículos por vias locais.
- Estacionamento nas proximidades.
- Distância de terminais rodoviários.
- Distância de estações ferroviárias.
- Distância de estações de metrô.
- Capacidade de receber um número grande de pessoas com segurança.
- Acesso fácil para deslocamento de ambulância em caso emergencial, entre outros.

Quanto à logística das áreas da arena, o gestor deve atentar para os seguintes detalhes:

- Disponibilidade de pontos de energia.
- Oferta de banheiros existentes ou a possibilidade de instalação de banheiros químicos.
- Existência de vestiários ou a viabilidade de instalação.
- Área adequada para entrega de *chips* e de camisetas.
- Área adequada para entrega do *kit* de frutas e premiações.
- Área adequada para guarda-volumes.
- Área estratégica para a proteção do sol ou da chuva.
- Área adequada para a acomodação das equipes ou assessorias de corrida convidadas.
- Área adequada para atendimento médico.
- Área confortável para realização de massagem ou atendimentos pertinentes, pós-corrida.
- Área adequada para as atrações oferecidas.
- Área confortável para premiação, entre outras áreas que podem ser criadas de acordo com o escopo do projeto.

Para facilitar a visualização geral desse ambiente, o gestor e os envolvidos devem preparar uma projeção em escala proporcional da distribuição das áreas numa planta baixa, para que a identificação e as escolhas sejam favoráveis ao público.

A área de recuo é um espaço de extrema importância na arena, aonde os atletas costumam chegar exaustos e, em casos especiais, necessitando de cuidados e atenção paramédica.

O gestor precisa ter muita atenção na antecipação da elaboração da arena, evitando a improvisação de ambientes cuja inadequação propiciará um atendimento ruim aos participantes e o possível fracasso do evento.

13. Correspondências **diversas**

A realização de um evento de qualidade requer um cronograma elaborado, para que os envolvidos, sejam eles convidados ou trabalhadores, recebam, formal e antecipadamente, por meio de ofícios, requerimentos, convites ou comunicados, as informações necessárias para se planejarem e confirmarem suas presenças, evitando-se constrangimentos e imprevistos de ambas as partes.

- **Ofício:** é uma correspondência oficial, enviada normalmente a funcionários ou autoridades públicas, e que deve ser feita em papel timbrado da empresa.

Modelo de Ofício

Ofício nº ..../2016

.... (cidade), ... de .... de 2016.

Ao Senhor

João Nononono

Secretário Municipal de Esporte

Cidade – Estado

Assunto: **Convite para a corrida ....**

Senhor Secretário,

Servimo-nos do presente ofício para solicitar o comparecimento de Vossa Senhoria à corrida..................., para prestigiar nosso evento, representando a .... (instituição).

O evento acontecerá no dia ..../......./..........., no endereço..........., das .... às ....

Atenciosamente,

_____

(assinatura e carimbo do diretor)

- **Requerimento:** pode ser direcionado a autarquias, empresas prestadoras de serviços etc.

Modelo de Requerimento

.... (cidade), ... de .... de 2016

A sua Excelência o Senhor

.... (nome do Prefeito)

Prefeito do Município de ....

Senhor Prefeito,

.... (nome do requerente), CNJP nº ...., situada na .... (endereço completo), vem solicitar a Vossa Excelência autorização para a realização da Corrida de Rua ...., que representará para a população uma ótima oportunidade de participação no esporte em prol da qualidade de vida e da saúde.

Nesses termos,

P. Deferimento.

_____

(assinatura do requerente)

- **Convite:** destinado a autoridades, comunidades, conselhos tutelares, escolas etc.

Modelo de Convite

CONVITE

A empresa ...., neste ato representada pelo gestor ...., tem o prazer de convidar os .... (Conselheiros Tutelares dos Direitos da Criança e do Adolescente / Membros do Conselho Escolar da Escola Municipal .... / Conselheiros Municipais dos Direitos da Criança e do Adolescente etc.) para comparecerem no dia ..../......./.........., às ...., no endereço ...., a fim de participarem da Corrida de Rua ....

_____

Gestor esportivo

- **Comunicado para os "vizinhos" do evento:** o gestor deve comunicar a todos os "vizinhos" que sofrerão algum desconforto com a logística da corrida de rua, a arena de concentração, o percurso ou qualquer outro item relacionado ao evento, buscando amenizar os desentendimentos e aumentar a credibilidade da organização do evento.

Modelo de Comunicado

COMUNICADO

Prezado morador do condomínio ....,

Dia ..../......./.......... realizaremos a Corrida de Rua ...., e as vias .... e .... estarão interditadas parcialmente das .... às .... Por consequência, as vias de acesso disponíveis para os veículos serão a rua .... e a avenida .... Solicitamos sua colaboração e contamos com sua compreensão.

Assinatura / Data

14. Compras e contratações

Como todo negócio, as compras e as contratações são uma parte muito importante no processo de realização de uma corrida de rua; comprar e contratar bem implicará mais rentabilidade, menos estresse e, certamente, mais qualidade no evento.

Para isso, é importante realizar, no mínimo, três orçamentos por item a ser comprado ou contratado, negociar os prazos de pagamento e, principalmente, ajustar os prazos de entrega.

Nunca deixe para comprar na "última hora" e jamais combine a entrega dos materiais para o dia do evento, pois, certamente, isso lhe proporcionará um grande desgaste, haja vista que o volume de trabalho nesse dia será enorme.

Uma orientação considerável é organizar-se para comprar com prazos folgados, uma vez que, na prática, muitos fornecedores acabam entregando fora do prazo combinado, seja por inaptidão ou por acontecimentos inesperados.

Deixe para receber no dia do evento apenas os itens pontuais, como, por exemplo, o serviço de cronometragem, a ambulância etc. Tenha sempre uma planilha de controle para registrar os dados importantes numa compra, como o nome da empresa, as características dos serviços ou produtos, os valores, os prazos de entrega, os prazos de pagamento, entre outros itens que você considerar importantes, para facilitar a visualização e o controle na organização dos procedimentos.

Tabela 14.1 – Planilha de cotações

PLANILHA DE CONTROLE DE COTAÇÕES							
Ordem	Item	Empresa	Contato da empresa	Valor	Prazo de entrega	Prazo de pagamento	Obs.
1							
2							
3							
4							
5							
6							
7							
Importante:							

15. Recebimento **dos recursos**

Após todo o processo de compras e contratações, o recebimento é aparentemente muito simples, mas pode causar grande preocupação e estresse. Organize-se sempre para receber os recursos com antecedência e tenha sempre em mãos o controle de recebimento. Cuide disso com especial atenção, pois a ausência de um dos itens elencados obrigará o gestor a providenciá-lo sem tempo hábil para que o evento não seja prejudicado.

Tenha um espaço para o armazenamento desses recursos, em local adequado, organizado e limpo, para facilitar a logística de transporte no dia do evento.

Escolha para esse trabalho um coordenador disciplinado e competente, para evitar desencontros de informações que possam proporcionar falhas nos controles.

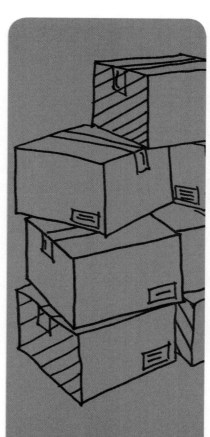

16. Inscrições

As inscrições têm um peso enorme na avaliação dos clientes/corredores, pois o tempo das pessoas é um bem muito precioso e poucos têm disponibilidade para realizar suas inscrições pessoalmente. Portanto, a tecnologia deve ser oferecida para facilitar esse processo, como um sistema de inscrição desenvolvido para o pagamento via internet, mediante cartões de crédito ou débito. Outra forma eficiente e prática é o boleto bancário, que tem ótima aceitação entre os corredores. Viabilize, também, postos de inscrições em locais estratégicos, como lojas, *shoppings* ou outro ponto de fácil acesso. Os tradicionalistas preferem realizar suas inscrições pessoalmente, muito embora esse público seja pequeno e diminua a cada dia.

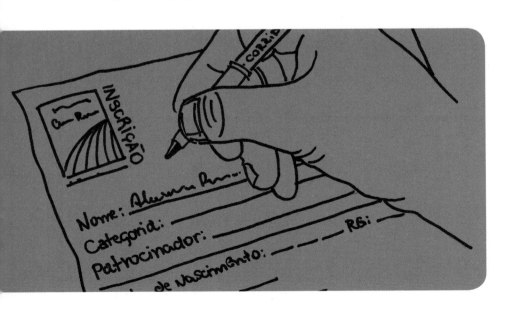

Atualmente, existem empresas que oferecem esse serviço pela internet por meio de *sites* específicos e com grande número de acessos, tornando-se uma ferramenta extremamente eficiente e com boa relação de custos *versus* benefícios.

Um sistema eficiente de inscrições, cadastro e encaminhamento desses dados para a empresa de cronometragem é muito importante para se evitar que erros e desencontros de informações ocasionem desconforto aos corredores.

Se possível, o gestor deve programar o encerramento das inscrições com alguns dias de antecedência, uma vez que o dimensionamento de todo o evento será realizado com base no volume de inscritos, cuja demanda norteará todas as ações durante o evento.

17. Escolha do *staff*

O *staff* é o grupo que representará o gestor na corrida. Esse grupo será os seus braços, as suas pernas, os seus pulmões; em suma, será você. Escolher bem esse pessoal é fundamental para o sucesso do seu evento.

Cada um dos escolhidos para compor o grupo deve estar comprometido com o sucesso do evento e desejar alcançar a melhor qualidade possível. Deverá receber treinamentos e orientações sobre tudo o que acontecerá e deverá conhecer toda a logística do evento, preparando-se para assumir qualquer posição numa necessidade ou emergência. Importa, também, a eleição de um líder/coordenador para cada departamento, cuja função será estabelecer diretrizes para decisões a serem tomadas em situações inoportunas que possam surgir e interferir no ritmo dos colaboradores e no decurso normal do evento.

O gestor deve manter uma relação amistosa com seu *staff*, transmitindo-lhe confiança, motivação, proporcionando-lhe ferramentas e condições de trabalho, uma vez que o sucesso de cada evento está atrelado ao desempenho dos componentes desse seleto grupo.

Além disso, de acordo com Poit (2006, p. 87):

> [...] não podemos esquecer os mandamentos básicos de boa educação e ética profissional, como, por exemplo, não criticar os companheiros do grupo na ausência dos mesmos, bem como não colocar nossos interesses pessoais acima dos interesses do grupo em detrimento do objetivo maior da equipe.

18. Treinamento
do *staff*

Ao falar em treinamento de equipe, a inspiração vem das palavras de um dos melhores técnicos de vôlei que o Brasil e o mundo conhecem, chamado Bernardo Rocha de Rezende, o Bernardinho:"[...] no fim das contas, são as pessoas que fazem a diferença" (Rezende, 2006, p. 15).

Contar com a mais desenvolvida tecnologia, os mais eficientes recursos, os mais bonitos equipamentos e as mais bonitas estruturas não garante o sucesso do seu evento. Porém, o empenho e o acolhimento que os seus colaboradores despenderão a todos os participantes do evento são os recursos mais preciosos para o êxito de uma corrida de rua.

Bernardinho também transmite uma mensagem importante, na qual o resultado do sucesso é consequência da soma entre o trabalho e o talento. Numa síntese de todo este manual, o gestor de corrida de rua deve entender que cada pessoa envolvida em seu evento deverá receber respeito, treinamentos técnicos e auxílio para desenvolver o seu melhor trabalho em busca do sucesso de todos.

Inicialmente, formalize um convite para pessoas interessadas nesse trabalho, para que se inscrevam e participem dos grupos de treinamento, cabendo lembrar que é de extrema importância que se programe esse convite com uma antecedência de, aproximadamente, sete dias, prevendo-se avaliações curriculares e possíveis desistências, de modo que se consiga formar e treinar o grupo selecionado sem danos para o evento.

Cada membro do grupo selecionado deverá receber uma pauta contendo os assuntos a serem abordados, juntamente com o *layout* da arena e o mapa do percurso, possibilitando o entendimento de cada função e a preparação para o desempenho de cada uma de suas atribuições.

O gestor deve ser objetivo nas explanações, dar oportunidade para o grupo esclarecer suas dúvidas e transmitir tudo com grande responsabilidade, "vibração" positiva e otimismo.

Por fim, sempre ressalte que a participação no evento é uma oportunidade de aprendizado e aperfeiçoamento profissional para cada um. Seja correto nos compromissos assumidos com seus colaboradores; sempre que possível, ofereça prêmios pelas metas alcançadas como reconhecimento e incentivo para um desempenho favorável do seu *staff* em futuros eventos.

19. Federação e taxas para **a corrida de rua**

Com referência às instituições que gerem o atletismo no Brasil, citamos a Federação Estadual de Atletismo, que orienta os gestores sobre as formalidades exigidas para se realizar uma corrida de rua, por se tratar da entidade maior dessa modalidade no Estado e, portanto, com a prerrogativa de orientar, supervisionar, executar, arbitrar e homologar todos os resultados. Assim, é de extrema importância que o gestor oficialize o seu evento junto à entidade, propiciando segurança, credibilidade e qualidade à prova.

Para a sua orientação, segue a "Notificação de Obrigatoriedade" que a Federação Estadual de Atletismo envia aos gestores de corrida de rua e uma síntese da Lei de Trânsito nº 9.503/1997, modificada pela Lei nº 9.602/1998, que regulamenta a legalidade das cobranças de taxas.

Dizeres da Carta da Federação Estadual de Atletismo enviada aos gestores

---

Notificação de Obrigatoriedade

A Federação Estadual de Atletismo é a entidade maior da modalidade e cuida do atletismo do nosso Estado.

Continua

Continuação

Aproveitamos para parabenizar a iniciativa de promover corridas de rua, hoje, o esporte de maior crescimento no mundo.

A Federação, no cumprimento do seu papel de orientar, supervisionar, executar, arbitrar e homologar resultados, convida V. Sa. a fazer uma visita ao nosso setor técnico de corridas de rua, para se informar dos trâmites que legalizam a realização de provas e fazer cumprir as obrigações determinadas pela Confederação Brasileira de Atletismo (CBAt), quanto às suas normas e à lei de trânsito, conforme está previsto no Art. 67, e incisos do Código Brasileiro de Trânsito (Lei nº 9.503/1997, modificada pela Lei nº 9.602/1998).

CAPÍTULO III
DAS NORMAS GERAIS DE CIRCULAÇÃO E CONDUTA

Art. 67. As provas ou competições desportivas, inclusive seus ensaios, em via aberta à circulação, só poderão ser realizadas mediante prévia permissão da autoridade de trânsito com circunscrição sobre a via e dependerão de:

I – autorização expressa da respectiva confederação desportiva ou de entidades estaduais a ela filiadas;

II – caução ou fiança para cobrir possíveis danos materiais à via;

Continua

Continuação

III – contrato de seguro contra riscos e acidentes em favor de terceiros;

IV – prévio recolhimento do valor correspondente aos custos operacionais em que o órgão ou entidade permissionária incorrerá.

Parágrafo único. A autoridade com circunscrição sobre a via arbitrará os valores mínimos da caução ou fiança e do contrato de seguro.

Certos de contar com a sua compreensão, nos colocamos à disposição para recebê-lo na Federação Estadual para tratar do assunto.

Atenciosamente,
Departamento de Corridas de Rua

Reiteramos, portanto, a importância de registrar o seu evento nas respectivas federações de seus estados de origem, cujo respaldo lhe proporcionará tranquilidade para trabalhar e alcançar o sucesso da corrida de rua com segurança e qualidade.

Parte 3
O dia D

20. Preparação final **para a realização** do evento

O chamado *dia D* é a data em que, após toda a preparação, o gestor deverá colocar à prova o seu evento de corrida pedestre. É o momento de gerir o seu tempo, transmitir segurança, confiança e demonstrar o controle das situações. É o dia de receber o *staff*, dar as orientações finais e transmitir uma ótima energia aos envolvidos. É a hora de superar todas as expectativas em relação ao evento, consciente de que o sucesso advirá do comprometimento de todos durante a sua realização.

Acima de todos os demais aspectos, o gestor deve respeitar principalmente as individualidades de cada envolvido e extrair deles o máximo de rendimento, lembrando sempre que seus clientes/corredores estarão avaliando tudo e todos em tempo integral.

O líder Bernardinho diz:

> [...] ser líder é dar o exemplo para que os outros saibam como se faz e se esforcem para repetir a tarefa no mesmo nível ou ainda melhor. Essa é a única liderança que se sustenta com o tempo. Nada do que você diz influencia mais as pessoas do que aquilo que você faz. Liderar é inspirar e influenciar pessoas a fazerem a coisa certa, de preferência entusiasticamente e visando ao objetivo comum. (Rezende, 2006, p. 114)

Dessa forma, seja você chamado de gestor ou de líder, o que importa é que você deve dar o seu melhor, a exemplo do texto supracitado, e direcionar corretamente os seus colaboradores, para que todos vejam em você o melhor exemplo de dedicação e profissionalismo, reagindo de forma semelhante para a busca do sucesso.

Também nesse dia, o cronograma de trabalho deve ser estruturado e planejado, considerando-se o tempo real para a execução das tarefas e um tempo de tolerância para sanar dificuldades e ajustar algo que possa acontecer inesperadamente. O plano "B", isto é, a segunda opção, deve existir para todas as ações desse dia, pois não há a possibilidade de realizar a prova num outro momento ou numa outra data, salvo por força maior que coloque a integridade das pessoas envolvidas em risco. Enfim, é o grande dia e, como citação, vale lembrar que "A vida é uma peça de teatro que não permite ensaios. Por isso, cante, chore, dance, ria e viva intensamente, antes que a cortina se feche e a peça termine sem aplausos" (*Charles Chaplin*).

O espetáculo, para o gestor de corrida de rua, será a realização do seu evento sem chances para o erro, mas com habilidade para contornar situações adversas, sem comprometer a satisfação e a segurança dos envolvidos.

21. Horário da chegada e *checklist*

O cumprimento do horário marcado para a apresentação de todos os colaboradores deve ser "britânico", haja vista que a disciplina em todos os segmentos é imprescindível para que o evento transcorra de forma saudável.

O primeiro a chegar à arena de concentração deve ser o gestor, não só como exemplo positivo, mas, também, para recepcionar todos os colaboradores envolvidos em cada setor do evento. A antecedência sugerida para que o gestor chegue com condições de estruturar tudo em tempo hábil e com qualidade é de, aproximadamente, quatro horas antes do horário da largada, mesmo levando-se em consideração que todas as tarefas de preparação tenham sido realizadas antecipadamente. Vale ressaltar que cada evento tem suas particularidades e, em casos especiais, esse horário poderá ser flexibilizado, para que não ocorra atraso no horário previsto para a largada.

Enquanto o gestor aguarda a chegada dos seus colaboradores, cabe sugerir um repasse de toda a programação por meio do *checklist*, para lembrar cada um dos detalhes e suas prioridades. De acordo com Poit (2006, p. 173):

> O checklist, como sugere a tradução, é uma relação contendo todos os itens importantes de um evento. Através dele você tem um rigoroso controle

dos itens providenciados e pode avaliar o desempenho do responsável pelo mesmo.

E sobre a eficiência dessa ferramenta, Poit (2006, p. 173) afirma que "[...] com o checklist em mãos, preparado com boa antecedência, você terá grande chance de conseguir um índice zero de esquecimento".

Assim, com essa ferramenta de organização, o gestor contribuirá para a prevenção e estará apto para oferecer orientações seguras aos componentes da sua equipe de trabalho.

22. Reunião de **direcionamento e** responsabilidades

Aproximadamente quinze minutos após a chegada do gestor, deverão chegar os coordenadores de cada área para a reunião de direcionamento de responsabilidades, cujo teor enfatizará a importância dos ajustes finais a serem realizados, os últimos comandos e as primeiras "injeções" de energia positiva necessárias para motivar o grupo de trabalho. Como descreve Saba (2006, p. 65),

> O líder é entusiasmado por uma causa, está sempre envolvido pelo desejo de concretizar seus projetos. Seu entusiasmo é cativante. Vide exemplo de Gandhi, Martin Luther King e Padre Marcelo Rossi. Eles motivam as pessoas a produzirem em nome de uma ideia. Seus sonhos não envelhecem.

É hora de "vestir a camisa", que, literalmente, é representada pelas camisetas de identificação entregues aos coordenadores, cuja responsabilidade, a partir de então, será transmitir energia para os seus respectivos *staffs* que chegarão na sequência para conhecer as suas atribuições específicas e receber as suas camisetas de identificação. Presente, o gestor deve se mostrar parte integrante do grupo de trabalho, agradecer a todos, explicitar a importância de cada um para o alcance do sucesso do evento e encaminhar cada grupo para que seus respectivos coordenadores lhes deem as informações necessárias e específicas de acordo com as suas respectivas área de atuação.

Considerando que todos já passaram por treinamentos anteriores, as palavras do gestor devem ser rápidas e as orientações dos coordenadores, objetivas, pois todos deverão compor rapidamente os seus postos de trabalho e realizar as suas tarefas efetivamente.

Resumindo, vale lembrar as sábias orientações de Saba (2006, p. 66) para os líderes: "[...] acreditar na sua capacidade de vencer é essencial. Mas convém lembrar que existe uma linha tênue que separa a superconfiança da arrogância. O líder deve ter uma confiança humilde".

E, assim, com muita confiança, humildade e uma forma sábia de se relacionar, os trabalhos deverão ser executados. Para os envolvidos, resta apenas botar mãos à obra...

23. Comunicação por **radiotransmissores**

A comunicação entre o gestor e os coordenadores deve ser eficiente e rápida, bastando, para isso, a utilização de radiotransmissores.

Para minimizar os custos, deve-se locar esse equipamento, bastando apenas dois canais de comunicação: um de uso geral, utilizado para a comunicação entre os colaboradores e o gestor, e outro utilizado como canal de emergência conectado diretamente às ambulâncias que atenderão no evento.

Tal equipamento deverá ser utilizado com critério e responsabilidade, pois uma informação distorcida ou fora do contexto poderá ocasionar prejuízos irreversíveis ao evento. Todos deverão ser instruídos a respeito da utilização segura e eficiente desse equipamento.

24. Demarcação
das vias

Considerando uma prova de 10 km, para nortear as definições de distribuição para a demarcação das vias, deve-se subdividir o percurso em três partes, uma para cada um dos três grupos de trabalho, posicionados em trechos do percurso.

Deve-se considerar que a maioria dos departamentos de trânsito de cada uma das cidades escolhidas para a realização dos eventos não terá condições técnicas para interditar as vias por longos períodos, em vista dos transtornos que tais interdições causarão na rotina dessas cidades. Por isso, os colaboradores deverão distribuir os equipamentos em locais temporários próximos aos trechos escolhidos ao longo do percurso.

Todo cuidado deve ser observado em relação aos veículos que transitarão normalmente, até que o departamento de trânsito autorize a interdição do percurso que deverá ser efetivada uma hora ou minutos antes do horário da largada, tempo suficiente para que se ajustem os equipamentos em seus locais definitivos. Cabe ressaltar que, antes do fechamento, um agente de trânsito deverá acompanhar os colaboradores da prova na demarcação para diminuir a velocidade dos carros circulantes, minimizando o risco de acidentes durante a colocação de cones, gradis, faixas de sinalizações, placas de indicações de quilometragem, direções e retornos, placas de patrocinadores, equipamento de cronometragem para a aferição parcial dos corredores, entre outros recursos ou estruturas necessárias para uma perfeita sinalização das vias pelas quais o cliente/corredor passará.

Outro fator importante na demarcação das vias são os carros e os caminhões que servirão para transportar cones, grades, cavaletes, placas de quilometragem, faixas de patrocinadores etc. Esses veículos deverão estar preparados e organizados de modo a facilitar o transporte e a entrega desses materiais para os colaboradores ao longo do percurso, para contribuir com o trabalho e com a logística na colocação desses materiais nas vias. Assim, a organização desses materiais nas carrocerias dos caminhões deve seguir uma ordem lógica, isto é, os materiais que serão distribuídos primeiro devem estar à frente dos materiais que serão distribuídos posteriormente.

Em razão da exiguidade do tempo, em cada trecho definido na subdivisão do percurso deverão existir no mínimo três colaboradores que conheçam exatamente os locais provisórios e definitivos para a distribuição temporária e para a fixação definitiva dos equipamentos, logo após a interdição oficial das vias.

Lembre-se: segurança, perfeita sinalização e orientação e prazer do corredor/cliente devem ser a nossa principal meta; por isso, a precisão é indispensável.

25. Montagem do
pórtico de largada

Após a reunião de orientação geral para os colaboradores, o grupo responsável pela montagem do pórtico de largada deverá se dirigir para a sua área de trabalho para cumprir sua tarefa.

O gestor é responsável direto pela segurança individual dos colaboradores, devendo fornecer-lhes os equipamentos de proteção individual (EPIs), conforme adverte Sady (2000, p. 108):

> No artigo 166, a Consolidação da Lei do Trabalho imputa ao trabalhador a obrigação de fornecer aos empregados, gratuitamente, equipamento de proteção individual ao risco e em perfeito estado de conservação e funcionamento.

Itens como luvas, capacetes, óculos e botas, entre outros, são imprescindíveis para a segurança física dos colaboradores.

Os equipamentos para a montagem do pórtico, geralmente de ferro, infláveis ou similares, deverão estar disponíveis e armazenados o mais próximo possível do local escolhido para a sua instalação. No ato da contratação, as empresas responsáveis pelo fornecimento e pelo transporte desses equipamentos deverão ser informadas do endereço da instalação do pórtico. Se o equipamento estiver armazenado em galpões, os gestores deverão montar uma logística que permita o transporte desse material até o local escolhido.

O coordenador dessa área deverá conhecer muito bem as peculiaridades do trabalho, ter um *checklist* em mãos, com o detalhamento dos materiais, dos locais e das ferramentas necessárias para a montagem dos equipamentos.

Cabe salientar que a área de montagem do pórtico deve ser isolada para se prevenir o acesso de curiosos ao local.

Após a fixação do pórtico, o coordenador deverá certificar-se de que as acomodações são seguras, sem riscos de acidentes, bastando que se realize uma avaliação por órgãos competentes ou por profissionais habilitados.

Vale lembrar que a área de montagem deste pórtico deverá estar isolada, evitando acesso de pedestres curiosos ou veículos no local.

26. Montagem
do som

Se não é o mais importante, esse é um item diferenciado para a animação, informação e qualidade do evento. Normalmente é um serviço terceirizado, por isso, a empresa e os profissionais contratados deverão visitar o local escolhido para a arena de concentração para planejar e mapear o seu trabalho. Os materiais deverão atender às necessidades de reproduzir uma ótima qualidade de som das músicas de animação e da voz do locutor da prova, que será o grande intermediador entre a organização e os participantes.

No contrato de locação e prestação de serviços, deverá constar a relação de alguns itens como: cabos de extensão, benjamins, equipamento reserva, microfones, *display* de CD, entradas e adaptadores de *pen drive* etc., além do gerador de energia, que é de extrema importância na falta ou queda de energia local, pois, como já foi citado, a animação e a comunicação entre organização e corredores dependerá desse serviço.

O equipamento deverá ser eficiente para distribuição de som a três ambientes, que são: o pórtico de largada, o pódio de premiação e as áreas de concentração dos atletas nas tendas das equipes.

⁞⁞⁞ 27. Montagem dos *kits* de frutas

Os colaboradores desse departamento deverão se dirigir para a sua área de trabalho, na qual produtos adquiridos estarão acondicionados em locais apropriados, bastando que o coordenador organize a logística de trabalho para a montagem dos *kits*, que, normalmente, são compostos por frutas, água, repositores energéticos, cereais, entre outros.

A garantia da semelhança entre os *kits* é muito importante para não gerar nos participantes uma sensação de que o *kit* do "vizinho" está melhor que o seu. Alguns gestores preferem comprar os *kits* prontos e apenas os colocam nos locais de distribuição. Vale ressaltar que essa é uma opção, mas nem sempre a de menor custo.

Ótima localização e agilidade na distribuição dos *kits* são fundamentais para o atendimento ao corredor, que exausto após a corrida, não quer enfrentar filas enormes para retirar o que é seu por direito.

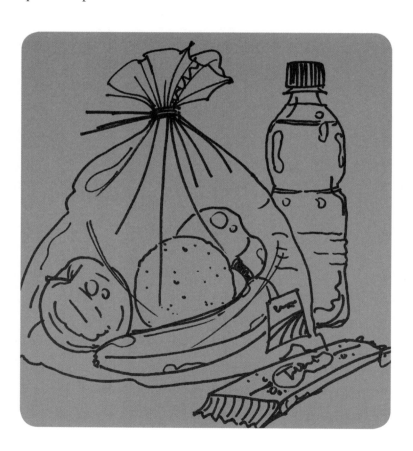

28. Entrega dos *chips* **e dos números** de peito

Com o desenvolvimento tecnológico do esporte, as corridas de rua são monitoradas por *chips*, utilizados para registrar os tempos de corrida dos participantes. Antes, os *chips* eram retornáveis e reaproveitados; atualmente, são descartáveis em grande parte das provas, diminuindo significativamente os trabalhos dos gestores e dos colaboradores em seu recolhimento, além de oferecer mais liberdade ao corredor, que não precisa se preocupar com a devolução do material.

O ideal é que os *chips* sejam entregues aos corredores nos dias que antecedem ao evento, evitando-se aglomerações no dia e permitindo que o corredor aproveite o tempo que antecede a largada para alongar-se, aquecer-se e estreitar o seu relacionamento com os demais atletas.

Se a entrega antecipada dos *chips* e dos números não for possível, alguns cuidados devem ser tomados:

- Disponibilizar um grupo de colaboradores treinados para atender os participantes.
- Iniciar a entrega com, no mínimo, duas horas de antecedência.
- Separar os *chips* por ordem alfabética ou numérica.

• Disponibilizar um local de fácil acesso para o corredor etc.

No regulamento da prova deverá constar, de forma clara, quaisquer que sejam os procedimentos a serem adotados para evitar possíveis desencontros de informações.

Por fim, se o gestor optar por *chips* retornáveis, deverá criar uma forma dinâmica para o recebimento deles após o término da corrida. A perda ou extravio desse equipamento poderá ser evitado se a devolução ficar atrelada à entrega das medalhas e dos *kits* logo ao término da corrida.

29. Montagem do palco

A montagem do palco na arena de concentração dos corredores é, acima de tudo, estratégica. É do palco que o gestor direcionará o seu locutor, que, a todo o momento, estará exposto aos corredores; o seu professor, para a realização do aquecimento que antecede a largada da prova; e, ainda, realizará a premiação dos vencedores.

A orientação técnica para a montagem do palco é semelhante às orientações dadas para a montagem do pórtico de largada, reiterando que a elaboração do *checklist* evitará surpresas desagradáveis.

Dependendo da disposição da montagem da arena de concentração dos corredores, respeitado o cronograma, recomenda-se a montagem do palco no dia anterior, diminuindo a quantidade de trabalho para o dia da prova.

É de extrema importância que um profissional habilitado realize uma vistoria de segurança do palco para dimensionar sua capacidade, a fim de que os corredores acessem esse espaço com total segurança.

30. Montagem do pódio
de premiação

O pódio é o suprassumo de todos os corredores, o local que recebe os melhores e, atualmente, por questões de interatividade dos corredores com o evento, o pódio é disponibilizado para aqueles participantes que não venceram a prova, mas venceram seu próprio desafio e querem registrar ali uma imagem ou um filme. Portanto, deverá ser seguro, visível, bonito e acessível.

Normalmente, a exemplo de grandes eventos esportivos, como os jogos Pan-Americanos e os Olímpicos, os pódios são construídos em madeira, num formato cúbico, em tamanhos diferentes e com a gravação de colocação em sua face frontal, facilitando o seu transporte, sua montagem e sua identificação para a distribuição dos atletas de acordo com as suas classificações.

O *back* pódio é fundamental na área do pódio. Sua construção deve ser estruturada em aço, para que possa suportar a fixação do *banner* com a logomarca do evento e de todos os seus patrocinadores, apoiadores e realizadores.

Nele, será registrado, por fotos ou filmagens, o momento de glória de cada vencedor; nele, serão captadas as imagens a serem divulgadas na imprensa e que propiciarão a visibilidade de todos os envolvidos. Por isso, deve ser bonito, seguro e disponível a todos os corredores, para que possam fazer a sua imagem particular para suas recordações.

31. Posicionamento do posto médico

O posto médico é o local no qual profissionais especializados estarão à disposição para prestar o pronto atendimento médico aos corredores ou a participantes que venham a passar mal ou sofrer algum acidente ao longo do evento.

Esse local deverá ser coberto, arejado e, se possível, conter um banheiro à disposição, podendo ser um banheiro químico. Também deve conter equipamentos e materiais adequados para prestar os primeiros socorros. Os medicamentos deverão estar bem armazenados e à disposição dos profissionais.

Os profissionais habilitados e minimamente necessários são: um médico que esteja com o seu registro no Conselho Regional de Medicina (CRM) em dia para prestar o seu trabalho e um ou mais enfermeiros registrados no Conselho Regional de Enfermagem (Coren) e que possam auxiliar o médico para que, numa necessidade de atendimentos múltiplos, todos os necessitados sejam atendidos.

O melhor local para se montar o posto médico será logo após o pórtico de chegada, já que, nesse espaço, muitos corredores pouco preparados passam mal e chegam até a desmaiar e cair.

Da mesma forma, a ambulância disponível deverá ficar próxima a esse local, pois, caso ocorram contusões mais graves, o atleta ou participante da corrida deverá ser deslocado para um hospital, onde receberá o atendimento necessário.

32. Preparação
das premiações

Seguindo as mesmas orientações para comprar e armazenar corretamente os recursos necessários, os troféus e as medalhas que serão utilizados na premiação deverão ficar à disposição, para que o coordenador dessa área possa preparar, com os seus colaboradores, uma mesa com a mais bonita apresentação para exposição dos troféus e das medalhas, separando-os por categoria, numa sequência da primeira para a última colocação.

A mesa deverá ser colocada perto do pódio, num local seguro e que fique vigiado durante todo o evento, pois, além de não permitir qualquer dano às peças, o coordenador deverá garantir que todos os atletas classificados recebam a sua premiação.

Com prudência e habilidade, o coordenador deve permitir aos participantes e expectadores apenas o contato visual com as peças, para se evitar avarias ou extravios. Além disso, o gestor deve separar peças sobressalentes, para substituir aquelas que eventualmente venham a se perder ou a ser danificadas.

Em especial, os colaboradores desse *staff* devem ter boa aparência, ótima maquiagem, trajes impecáveis, sorriso no rosto, alto astral, paciência, gentileza, moderação e responsabilidade, pois são esses, entre outros atributos, os quesitos fundamentais exigidos para o momento de maior emoção no evento.

33. Preparação dos brindes para sorteio

Esse trabalho será realizado pelo grupo responsável pela premiação. Para evitar dúvidas e reclamações entre os participantes, a forma de sorteio, a quantidade e a forma de distribuição dos brindes deverão constar no regulamento da prova. Semelhantemente às premiações, os brindes deverão ser expostos à apreciação dos participantes e devem ficar sob o controle do *staff* colaborador. O locutor deverá informar constantemente sobre o sorteio e enfatizar o seu concurso conforme o regulamento, com o intuito de manter o interesse do público na arena de concentração e o prestígio do evento.

34. Distribuição dos **postos de água**

A hidratação é um dos itens fundamentais para se oferecer numa corrida de qualidade. A água é o "combustível" que nutre o corredor no percurso e é essencial para o seu desempenho durante toda a prova, necessitando-se, por isso, de uma distribuição quantitativa e qualitativa dos postos de hidratação no percurso da prova.

Primeiramente, o gestor deverá dimensionar qual a quantidade de água necessária para cada participante, tomando por base que, normalmente, numa prova de 10 km, essa quantidade varia entre 6 e 10 copos ou garrafinhas de aproximadamente 200 ml por participante, sem se esquecer da influência das condições climáticas previstas para o dia do evento. Cabe ressaltar que o consumo médio por posto de hidratação está entre 1,5 a 2 copos/garrafinhas de água por corredor.

Na mesma logística do romaneio dos equipamentos, o gestor deverá armazenar a água em um local de fácil acesso e, se possível, deixá-la nos veículos que farão a distribuição no dia do evento, para evitar contratempos e minimizar o tempo de transporte até os pontos de distribuição no percurso.

Cada ponto de distribuição de água será dirigido por um líder, para orientar o dinamismo e a consequente qualidade desse serviço. A quantidade de colaboradores por posto de água deverá ser dimensionada de acordo com a quantidade de corredores que passarão pelo ponto de hidratação. De forma geral, cada colaborador atende, aproximadamente, a 150 corredores participantes.

A distribuição deve ocorrer no sistema conhecido como "W", no qual a disposição intercalada dos distribuidores em cada um dos lados da via é semelhante à letra "W".

Recomenda-se que a água esteja armazenada em recipientes (caixa ou tambor) de plástico ou de PVC, com altura máxima da sua borda lateral de 30 cm, para facilitar a retirada e a entrega, e que esteja envolta em pedras de gelo, para manter a sua temperatura agradável aos atletas.

A distribuição da água e dos colaboradores responsáveis por ela deverá acontecer simultaneamente, para evitar o risco de que algum transeunte roube ou estrague a água.

35. Posicionamento do carro-madrinha

Carro-madrinha é o veículo que acompanhará a corrida, abrindo e balizando o líder da prova durante todo o percurso. Esse veículo deverá se destacar no evento, por isso sugerem-se carros grandes: *pickups* ou jipes, equipados com sirenes, luzes de alerta e adesivos que o identifiquem como um veículo integrante do evento.

Antes da largada da prova, esse carro deverá se posicionar, aproximadamente, 150 metros à frente da linha de largada, para não obstruir os primeiros corredores que largam com maior velocidade.

O condutor do carro-madrinha deve conhecer o traçado do percurso, principalmente nos pontos em que ocorram retornos com estreitamento de pista que possam interferir na sua mobilidade e na velocidade dos atletas.

O carro-madrinha não substitui os batedores da prova, tanto que, no momento da chegada do primeiro atleta, o carro-madrinha não ultrapassa a linha de chegada; ele deve deixar o percurso por um acesso lateral disponível a, aproximadamente, 200 metros da linha de chegada, onde o batedor assumirá o balizamento do atleta líder da prova, evitando acidentes e possíveis avarias nos equipamentos de cronometragem.

36. Posicionamento da ambulância

O responsável pela organização deve considerar uma grande variedade de fatores para contratar serviços de atendimento ao público. Não se pode esquecer da ambulância e de uma equipe médica que fique disponível para realizar o atendimento de diversas situações, como mal súbito ou acidentes envolvendo os atletas e frequentadores do evento. Especificamente, num evento de corrida de rua, é necessário o concurso de duas ambulâncias: uma deverá estacionar logo após a linha de chegada, para atender ocorrências diversas, e a outra deverá estacionar num ponto mais distante do percurso, para prestar socorro urgente aos atletas que necessitarem de atendimento em locais distantes da arena de concentração. Segundo resolução do Conselho Federal de Medicina (CFM), qualquer entidade que realize eventos que necessitem de assistência médica deve inscrever o serviço no Conselho Regional de Medicina (CRM), que deverá inspecionar postos médicos e outras instalações do evento.

As ambulâncias deverão ser monitoradas por meio de radiocomunicadores, para que os atendimentos sejam realizados no menor tempo possível (Brasil, 2002).

Caso você queira se informar a respeito da legislação para eventos em sua cidade, entre em contato com a prefeitura do município, para saber exatamente o que você pode e deve fazer ao realizar um evento. Lembre-se de que a presença de uma equipe médica é uma questão de segurança para todas as pessoas presentes no evento e tome as devidas providências para assegurar o melhor atendimento médico para cada tipo de evento.

37. Posicionamento **das tendas das** equipes de **assessoria**

Seguindo a tendência, as empresas que trabalham com assessoria para corredores estão a cada dia mais profissionais e atendendo cada vez melhor os seus clientes/corredores. Em eventos de corridas de rua, é comum ver empresas com grandes equipes e com uma estrutura adequada de atendimento e acompanhamento. Um dos recursos utilizados pelas empresas são as tendas para acomodação dos seus corredores, com oferecimento de água, frutas e outros recursos.

Para o gestor, é de grande importância considerar tal estrutura e reservar, na sua arena de concentração, um espaço apropriado para que as empresas de assessoria de corrida montem as suas tendas sem comprometer outras áreas destinadas às estruturas de que o evento necessitará. Além disso, as tendas, quando bem localizadas, complementam o *layout* da montagem da arena de concentração, permitindo, aos atletas e ao público, a acessibilidade, a eficiência e a estética do local.

Atender bem a uma empresa de assessoria de corrida ou a uma academia significa "oxigenar a saúde" do seu evento, pois a receita e o consequente sucesso do evento são conseguidos pelos atletas inscritos e que as representam nas competições.

38. Posicionamento das tendas de patrocinadores e de parceiros

Falando em profissionalismo, muitas empresas, de forma profissional e estratégica, buscam participar de eventos de corridas pedestres com o objetivo mercadológico, visando atingir e cativar um novo público e manter o seu público consumidor. Ao comercializar uma cota de patrocínio, de apoio ou de outro tipo de parceria, o gestor deve destinar a essas empresas um local de ótima visibilidade na arena de concentração e nas vias do percurso, em que tendas, balões, *banners* e outros meios de comunicação possam não somente complementar o visual da sua arena, mas, principalmente, agradar aos atletas e aos espectadores.

39. Posicionamento **da empresa de** cronometragem

Com o avanço tecnológico desse segmento, o desenvolvimento dos *chips* para aferição do tempo de corrida dos corredores facilitou muito o trabalho do gestor, pois, logo após o término da corrida, os atletas tomam conhecimento da sua classificação com o tempo líquido (contado após a passagem do corredor pelo tapete de largada até a passagem pelo tapete de chegada), e do tempo bruto (contado após o sinal de largada da prova até a passagem do corredor pelo tapete de chegada), além da classificação na categoria geral e na categoria por idade.

O tapete de largada deverá ser instalado embaixo do pórtico de largada e os tapetes intermediários deverão ser instalados nos locais definidos pelo gestor, com a orientação técnica da empresa de cronometragem, para coibir e minimizar irregularidades que possam ser cometidas pelos corredores durante o percurso da prova.

O local para a instalação dos tapetes, bem como toda a estrutura necessária para a empresa de cronometragem – ponto de energia, cabos de extensão, grades de proteção, cones etc. – deverão estar disponíveis e em ordem.

40. Preparação da **buzina de largada**

Esse item merece uma atenção especial, pois, com esse instrumento, o gestor ou um convidado de honra autorizará a largada para o início da corrida. É um momento de tensão e de expectativa, aguardado não só por aqueles que, a partir de então, farão tudo para realizar o seu melhor tempo, e quem sabe, vencer a prova, mas, também, por todos os idealizadores e colaboradores que se empenharam e se empenharão para que o evento seja um sucesso.

Após alguns anos de experiência como atleta e gestor de corridas de rua, é importante lembrar que se faça constar no *checklist* a necessidade de se verificar se a buzina a ser utilizada está disponível, funcionando e no local correto, para que não acorram surpresas desagradáveis.

Para ilustrar, cito algumas situações que presenciei e que me obrigam a lembrar da importância desse item, como,

por exemplo: no momento da largada, a buzina estava descarregada e não soou; na hora "H", o dispositivo de acionamento da buzina estava quebrado; o gestor olhou para o coordenador de largada e perguntou: "*Onde está a buzina?*", e o coordenador respondeu: "*Deve estar no barracão!*".

O gestor não deve permitir nem admitir nenhum tipo de deslize, muito menos esse, que, certamente, não só demonstrará desorganização e irresponsabilidade como também comprometerá o evento e a sua reputação. Imagine-se, gestor, ao lado de uma autoridade convidada para acionar a buzina e, nesse instante, você constata a ausência ou a avaria do equipamento. Traçando um paralelo, a falta de uma buzina para a largada de uma corrida é tão tragicômica quanto a falta de uma bola num tiro de saída no jogo de futebol.

Para os desatentos, segue uma dica que poderá amenizar o problema: se o gestor notar que não tem a buzina ou que ela está avariada, imediatamente, deve se aproximar do locutor do evento, que, nesse momento, deverá estar próximo ao pórtico de largada, e solicitar que ele convide a autoridade a fazer uma contagem regressiva para sinalizar o início da corrida. Também é preciso orientar o locutor para que, ao final da contagem, ele inflame a locução, desejando sorte e sucesso a todos os participantes. O ideal e o mais correto é nunca precisar desse recurso.

41. Orientação para o **locutor de prova**

O gestor deve contratar o melhor locutor de provas de corrida de rua que a dotação orçamentária possa bancar, pois esse profissional será o responsável pela interação com os atletas e com o público presente. É ele quem dará as informações gerais, com descontração, respeito e alegria, e fará brincadeiras sadias com os presentes, demonstrando conhecimentos gerais sobre a modalidade, o regulamento da competição e todos os detalhes pertinentes e úteis para a condução do evento. Com voz segura e bem impostada, esse profissional não permitirá que prevaleça o silêncio, haja vista que o silêncio é um fator negativo, portanto, incompatível com a vida e a alegria emanada por um evento dessa natureza.

O visual desse profissional deverá ser preparado com muito profissionalismo, com trajes adequados e personalizados com adereços relativos ao evento, pois, como figura atrativa, será constantemente observado por todos os presentes.

Tal como já foi citado, o locutor deverá ter informações prévias pertinentes ao regulamento; à localização de cada departamento e aos seus respectivos recursos; aos horários das largadas; ao local e ao horário das premiações; aos locais disponíveis para a hidratação; ao horário e ao local do posicionamento dos corredores para a largada;

às dicas de segurança para prevenir acidentes; aos locais dos postos médicos e das ambulâncias etc., além de tornar públicos os agradecimentos aos patrocinadores e apoiadores do evento.

O locutor deve ter a mesma atenção nos agradecimentos aos colaboradores envolvidos, uma vez que essa será a primeira evidência de que o gestor deseja contar com os seus préstimos em futuros eventos.

42. Aquecimento **e descontração** para os participantes

Nesse ambiente, o gestor deverá construir um clima de festa e alegria, sem perder de vista os fatores técnicos necessários para manter a qualidade. Para isso, dois itens muito importantes que deverão ser planejados com atenção e carinho são o aquecimento e o alongamento, ministrados por um profissional de Educação Física antes da largada de cada uma das provas previstas para o evento.

Esse profissional deve ter experiência com aulas de ginástica, se possível para grandes públicos; deve ser alguém comunicativo, animado, alto astral e que, acima de tudo, ame seu trabalho.

Ele deve estar posicionado num palco ou numa plataforma que permita a sua visualização.

Um equipamento de som de boa qualidade e a escolha de músicas da moda, como aquelas que estejam tocando nas rádios e festas do momento, são fundamentais para a animação durante a atividade.

Oriente o profissional para ministrar alguns alongamentos gerais, movimentos articulares e movimentações rítmicas e de fácil execução, para que todos possam realizá-las, assegurando-se de que esse trabalho termine a 5 minutos do horário previsto para o início de cada uma das provas.

43. Orientação para **os batedores** de prova

Os batedores de prova são os responsáveis por acompanhar de motocicleta os primeiros colocados da corrida. Cada distância da prova deve contar com no mínimo dois batedores, um para o primeiro corredor de cada categoria (masculino e feminino). Veja, na Tabela 43.1, a seguir, o número de motocicletas *versus* o número de distâncias do evento.

Tabela 43.1 – Número de motocicletas por prova

EVENTO COM TRÊS DISTÂNCIAS		
Distância	Batedor – 1º Feminino	Batedor – 1º Masculino
5 km	1	1
10 km	1	1
15 km	1	1
TOTAL	3	3

Se o evento tiver mais de uma distância, como ocorre atualmente nas diversas provas que existem no mercado, cada distância deve conter, no mínimo, dois batedores para seguir os primeiros colocados, como foi descrito.

Os veículos a serem utilizados devem estar em ótimo estado de funcionamento, equipados com luzes de alerta, buzinas ou sirenes, limpos e abastecidos, para que possam cumprir suas funções específicas.

É importante ressaltar a importância de se personalizar os veículos com os adesivos alusivos à prova, para aumentar a visibilidade e a credibilidade do evento.

Escolha os profissionais para essas funções com cautela e critério. Não permita que os pilotos ou os possíveis passageiros desses veículos trafeguem sem os capacetes de segurança ou sem a habilitação para pilotar motocicleta, para evitar sanções legais e prevenir acidentes, que, certamente, acarretarão aborrecimentos e prejuízos ao gestor.

Logo após o acompanhamento dos primeiros colocados até a chegada, solicite aos batedores que refaçam o percurso por várias vezes para observar o andamento da prova e verificar se há atletas precisando de qualquer tipo de auxílio.

44. Posicionamento do carro "fecha-fila"

O tradicional carro "fecha-fila" é o veículo da organização e o responsável por resguardar o último corredor durante todo o percurso da prova. Deve estar sempre acompanhado de uma viatura do Departamento Municipal de Trânsito e, possivelmente, de uma ambulância para atendimento emergencial.

É muito importante para o gestor que o carro "fecha-fila" sinalize onde está o final da corrida e vá rastreando todo o percurso, realizando uma "varredura", para que nenhum participante que venha a passar mal ou a se acidentar fique sem o pronto atendimento ou sem os cuidados de alguém da organização do evento.

Mais uma de suas funções é proteger os corredores de possíveis veículos que queiram acessar as vias por onde eles estão passando. Por isso, vale ressaltar a importância do acompanhamento da equipe do Departamento Municipal de Trânsito junto ao carro "fecha-fila".

45. Posicionamento dos carros que limparão o percurso

Ainda com as vias fechadas, o gestor deve posicionar em locais estratégicos os mesmos veículos utilizados para a demarcação das vias e determinar ao seu *staff* colaborador que, logo após a passagem do carro "fecha-fila", seja recolhida toda a estrutura utilizada (placas de sinalizações, cavaletes, cones e demais equipamentos), além dos detritos produzidos pelo descarte de copos ou garrafas de água e embalagens de suplementos alimentares.

Cabe lembrar que, entre tantas funções pertinentes ao gestor, o cuidado com a manutenção e a higienização das vias utilizadas deve ser o seu ponto de honra, pois a devolução de tudo em ordem, além de causar boas impressões, propiciará oportunidades para eventos futuros.

46. Desmontagem do pórtico

Após a passagem do último corredor pelo pórtico de chegada, o coordenador de montagem e desmontagem do pórtico deverá reunir sua equipe para dar início à desmontagem dessa estrutura. Sempre utilizando os equipamentos de segurança, os colaboradores devem, primeiramente, isolar a área de trabalho, para evitar possíveis acidentes com o público que circula no local.

Caso o pórtico esteja próximo ao local de premiação, recomenda-se que esse trabalho seja iniciado somente após o final da premiação.

Durante a desmontagem, é importante que o local para o armazenamento desses materiais esteja preparado, pois a sua preservação dependerá dos cuidados que o seu grupo de trabalho

terá com o transporte e o manuseio adequado de cada uma das peças.

B*anners* ou estruturas fixadas no pórtico também deverão ser removidos com cuidado, com o objetivo de preservar o equipamento e utilizá-lo em eventos futuros.

47. Recolhimento dos **grupos de *staff* e** das sobras de água

O carinho e o respeito do gestor para com os seus grupos de *staff* devem existir do primeiro ao último momento de trabalho. Assim, planeje e detalhe com antecedência o recolhimento dos colaboradores, que deverá ser realizado com um veículo apropriado logo após o término da corrida. Oriente-os para que se reúnam em áreas seguras do percurso e organizem as sobras de água para agilizar o trabalho e evitar acidentes. Nunca autorize o transporte desses colaboradores em caçambas de caminhonetes, nem o seu recolhimento em locais que ofereçam riscos de acidentes.

Reiteramos a importância dos colaboradores com as palavras do técnico Bernardinho: "[...] no fim das contas, quem faz a diferença são os *staffs* e colaboradores" (Rezende, 2006, p. 15).

O dia D

48. Limpeza das vias

Mesmo após a limpeza realizada por seus colaboradores ou por uma empresa contratada para realizar a higienização e a limpeza das vias utilizadas e suas adjacências, faça, pessoalmente, uma vistoria geral, para evitar o descumprimento desse requisito.

Sugira, mediante ofício ao departamento municipal responsável, que, respeitadas as formalidades legais, envie os materiais recolhidos para o setor de reciclagem.

Como descrito, preservar os ambientes utilizados é princípio de respeito e cidadania, além de manter abertas as portas desses municípios para futuros eventos.

49. Desmontagem de estruturas

As orientações para a desmontagem do palco, do pódio e das demais estruturas são as mesmas especificadas para a desmontagem do pórtico, ou seja, todos os colaboradores devem utilizar os equipamentos de segurança, a área deve ser isolada para evitar acidentes e o trabalho deve ser iniciado somente após o término da entrega das premiações, do sorteio de brindes e da dispersão do público presente.

⠿ 50. Pesquisa
de satisfação

Afirmam Pitts e Stotlar (2002, p. 85) que:

> Uma pesquisa pode ser definida como investigação sistemática e organizada. Ao final da pesquisa, os resultados podem ser usados das mais variadas maneiras, incluindo somar-se ao conhecimento de uma pessoa ou a um corpo de conhecimento, a fim de encontrar soluções para problemas e descobrir respostas a questões específicas.

Assim, aplicar uma pesquisa dirigida aos participantes do seu evento, sejam eles corredores ou espectadores, proporcionará a obtenção de informações que, certamente, subsidiarão o gestor no planejamento de seus próximos projetos.

Sobre a pesquisa, é importante salientar que *a oportunidade é como água corrente; se você não souber aproveitar, ela passa, e você não mata sua sede.* Tal afirmação sugere que o gestor não terá uma segunda oportunidade para pesquisar sobre o seu evento. Portanto, como todos os itens já elencados neste manual, a pesquisa deve ser planejada e elaborada com questões objetivas e estratégicas.

A equipe de pesquisadores deve ser bem preparada e treinada para atingir o objetivo sem importunar o público, demonstrando respeito, educação e apresentando perguntas sucintas que permitam respostas rápidas e objetivas, já que todos estão ali para se divertir e curtir o momento.

No rol de questões, deve constar sobre a qualidade dos *kits*, das medalhas, das frutas, da hidratação e de outros fatores, como percurso, atenção dos colaboradores (*staffs*), qualidade na entrega de *chips* e de *kits*, sinalização das vias, entre tantas outras avaliações que o gestor julgue serem importantes na composição do questionário.

A dica é que se apliquem o mínimo possível de questões, sendo a maioria questões fechadas, isto é, aquelas cuja resposta é determinada pela escolha de uma resposta simples.

⠿ Considerações finais

O *Manual do Gestor de Corridas de Rua*, cujo conteúdo não esgota o tema, mostra, claramente, que a realização de um evento esportivo dessa natureza exige muito planejamento e trabalho, além do envolvimento de todos os colaboradores, no sentido de respeitar e valorizar cada cliente/ corredor como o seu bem mais precioso, pois ele, somado aos milhares de apaixonados, significa o presente e o futuro das corridas de rua.

Por se tratar de um tema vasto, espera-se ter contribuído para que o leitor possa formar sua própria opinião, criar seus próprios métodos, e despertar, por meio de debates, questionamentos que apresentem novos horizontes para esse segmento que necessita de investidores, gestores, colaboradores etc. para se manter e promover a satisfação dos apaixonados por corridas de rua.

Posfácio

Todo livro tem um ensinamento, um propósito, seja ele entreter, informar ou levar mais conhecimento. Assim, quem navega no mundo da leitura se deslumbra com essa magia e alcança suas intenções.

Melhor ainda quando uma única publicação consegue alcançar todos esses objetivos, e é o que se confere nas páginas desta obra, pois Anderson do Prado Barbosa, o Pinduca, como é conhecido por todos, é um profissional da área do Esporte que se especializou no treinamento, na prática e na realização de corridas de rua e conseguiu sintetizar, de forma feliz, um conteúdo rico e eficiente.

Ao longo de mais de cem páginas, o leitor encontra aqui todas as informações e dicas para realizar um evento que nos últimos anos cresce muito, tanto na nossa cidade, Mogi das Cruzes, como, também, em todo o país.

Por isso, este livro é tão importante e de uma leitura prazerosa para quem quer realizar uma corrida, ou mesmo para os atletas profissionais e amadores que desejam adquirir mais conhecimento sobre os bastidores de um evento desse porte.

O melhor desta obra é que incentiva, populariza e, ao mesmo tempo, profissionaliza o esporte, neste caso, a corrida de rua, uma especialidade do autor. Entretanto, seja qual for a modalidade, promover uma atividade que ofereça o bem-estar e a saúde para a melhora da qualidade de vida das pessoas é um fator importante e fundamental para a comunidade esportiva, sejam eles gestores, professores, estudantes ou apaixonados pela modalidade.

Parabéns ao escritor e a todos aqueles que percorreram as páginas desta edição, encontrando aqui entretenimento, informação e conhecimento.

Marco Aurélio Bertaiolli
Prefeito de Mogi das Cruzes (2015)

⠿ Referências

AFIF, Antônio. *A bola da vez*: o marketing esportivo como estratégia de sucesso. São Paulo: Infinito, 2000.

BRASIL. Ministério da Saúde. *Portaria nº 2.048, de 5 de novembro de 2002*. Disponível em: <bvms.saude.gov.br/bvs/saudelegis/gm/2002/prt2048_05_11_2002.html>. Acesso em: 12 fev. 2016.

KLINK, Amyr. *Cem dias entre o céu e o mar*. São Paulo: Companhia das Letras, 1995.

_____. *Parati*: entre dois polos. São Paulo: Companhia das Letras, 1992.

PITTS, Brenda G.; STOTLAR, David K. *Fundamentos de marketing esportivo*. São Paulo: Phorte, 2002.

POIT, Davi Rodrigues. *Organização de eventos esportivos*. 4. ed. São Paulo: Phorte, 2006.

REZENDE, Bernardo Rocha de. *Transformando suor em ouro*. Rio de Janeiro: Sextante, 2006.

RINKE, Wolf J. A *empresa vitoriosa*: seis estratégias de gerenciamento. São Paulo: Futura, 1998.

SABA, Fábio. *Liderança e gestão*: para academias e clubes esportivos. São Paulo: Phorte, 2006.

SABA, Fábio; ANTUNES, Fabia. *Gestão em atendimento*: manual prático para academias e centros esportivos. Barueri: Manole, 2004.

SADY, João José. *Direito do meio ambiente de trabalho*. São Paulo: LTr, 2000.

Sobre o Livro
Formato: 16 x 23 cm
Mancha: 10 x 17,5 cm
Papel: Offset 90g
nº páginas: 152
1ª edição: 2016

Equipe de Realização
Assistência editorial
Liris Tribuzzi

Assessoria editorial
Maria Apparecida F. M. Bussolotti

Edição de texto
Gerson Silva (Supervisão de revisão)
Iolanda Dias (Preparação do original e copidesque)
Roberta Heringer de Souza Villar e Jonas Pinheiro (Revisão)

Editoração eletrônica
Évelin Kovaliauskas Custódia (Capa, projeto gráfico e diagramação)
Catarina Magalhães Deimel (Ilustrações)
Douglas Docelino (Ilustração p. 75)

Impressão